I0490981

HUMANIZAÇÃO E PROTEÇÃO DOS HIPERVULNERÁVEIS NAS RELAÇÕES FAMILIARES

Estela Nunes
Fredys Orlando Sorto
Maria Cristina Santiago

Organizadores

EDITORA MERAKI

Copyright © 2019 Editora Meraki Ltda

Todos os direitos reservados.

ISBN: 978-16-599-6683-1

Acompanhamento editorial Leonam Liziero
Capa Brenda Santos

Editora Meraki
Conselho Editorial
Alexandre Walmott Borges (UFU)
Alessandra Silveira (UMinho)
Ari Marcelo Solon (USP)
Dawid Bunikowski (UEF)
Diva Julia Safe Coelho (PNPD-CAPES/UFU)
Felipe Magalhães Bambirra (UniALFA)
Gonçal Mayos (UB)
José Carlos Remotti (UAB)
Osvaldo Alves de Castro Filho (UFMS)
Saulo Pinto Coelho (UFG)

H918   Nunes, Estela; Sorto, Fredys Orlando; Santiago; Maria Cristina

      Humanização e proteção dos hipervulneráveis nas relações familiares/ Estela Nunes, Fredys Orlando Sorto, Maria Cristina Santinago (Coord.). Andradina: Meraki, 2019.

      Bibliografia

      ISBN 978-16-599-6683-1

      1. Direito 2. Direito Civil.

      1. Título

    CDU – 347   CDD – 347

Reservados todos os direitos desta obra.
Proibida toda e qualquer reprodução desta edição por qualquer meio ou forma
sem a permissão expressa do editor.

IDCC

Comissão Editorial
Ana Clara Montenegro Fonseca
Cinthia Caroline L. do Nascimento
Filipe Lins dos Santos
Gabriel Honorato de Carvalho
Juliana Fernandes Moreira
Maria Cristina Paiva Santiago

Conselho Científico
Adriano Marteleto Godinho
Ana Paula Correia de Albuquerque da Costa
Heloisa Helena Pinho Veloso
Henrique Ribeiro Cardoso
Jailton Macena de Araújo
Larissa Maria de Moraes Leal
Marcos Augusto de Albuquerque Ehrhardt Junior
Maria Luiza Pereira de Alencar Mayer Feitosa
Rodrigo Azevedo Toscano de Brito
Wladimir Alcibiades Marinho Falcao Cunha

.

CONTEÚDO

APRESENTAÇÃO

O Instituto de Pesquisa e Extensão Perspectivas e Desafios de Humanização do Direito Civil-Constitucional (IDCC), criado no ano de 2012, por iniciativa de docentes da Universidade Federal da Paraíba (UFPB) e do Centro Universitário de João Pessoa (**UNIPÊ**), apresenta já em sua gênese, os propósitos de desenvolvimento de atividades acadêmicas que possam contribuir para o desenvolvimento **e humanização** das instituições jurídicas de direito privado no país, nomeadamente aquelas que se encartam no amplo e mutável universo do Direito Civil.

As atividades do Instituto já contabilizam a realização de cinco seminários, com participação de juristas de todo o país além da publicação de outras obras, tanto eletrônicas quanto impressas, que condensam a vasta produção científica de seus membros, tanto docentes quanto discentes.

A proposta do Instituto mais do que simplesmente transitar sobre o já consolidado método de releitura das instituições civis proposto pela escola do Direito Civil-Constitucional, propõe-se um passo adiante: a consolidação da vertente de *humanização* do Direito Civil.

Humanizar os velhos institutos que sustentam os pilares seculares do Direito Civil significa ir além da concepção das pessoas humanas como meros personagens do mundo jurídico, destruídos de suas especificidades e subjetividades que as tornam diferentes umas das outras. Para tanto, importar reafirmar a posição de centralidade do ser humano - o início e o fim do Direito, o núcleo duro de todo ordenamento jurídico. A partir daí, impõe-se a fixação de duas premissas fundamentais: a primazia do ser humano enquanto núcleo orientador da ordem jurídica e a superação da concepção da pessoa humana como simples sujeito de direitos, dissociado de suas características e circunstâncias. Coloca-se a pessoa natural, enfim, como a razão de ser da lei e do Direito, enquanto ser dotado de uma dignidade que lhe é intrínseca, bem como se tutela seu direito fundamental à diferença. É este o ponto de partida a orientar todas as concepções que se possam extrair sobre os temas contemporâneos de Direito Civil em sua perspectiva humanizada.

Assim, é com imensa satisfação que chegamos a mais uma

i

edição com a coletânea dos trabalhos apresentados no V Seminário que é realizado anualmente pelo grupo.

A presente obra, intitulada *FUNCIONALIZAÇÃO DO DIREITO E SOCIALIZAÇÃO DOS INSTITUTOS CIVIS*, reúne textos que são frutos de pesquisas de professores e alunos de graduação e pós-graduação de diferentes instituições do Brasil, problematizando os desafios da vertente humanizadora do direito civil.

Os trabalhos aqui contidos foram reunidos, avaliados e organizados em grupos temáticos pelos professores Maria Cristina Paiva Santiago (UNIPÊ), Fredys Orlando Sorto (UFPB) e Estela Nunes (FIP), que orgulhosamente saúdam a comunidade jurídica, por meio da edição desta valiosa contribuição à boa pesquisa acadêmica e científica.

O livro inicia com a contribuição de Naara Lígia Maria Neves dos Santos, Lucas Cavalcante Gondim e Letícia Matos Viana, sob a orientação de Francisco José Garcia Figueiredo, discutindo *a prescrição na indenização do dano pessoa em perspectiva civil-constitucional garantista*;

Logo após temos importante discussão sobre a função social das cidades, no artigo de Nathália Ribeiro Máximo de Almeida intitulado *"Food trucks"*, *"Food bikes"* e *"Food Cart"* como instrumentos de promoção da função social.

Em seguida Ari Gledson Batista Ferreira sob a orientação de Luciana Albuquerque Cavalcanti Brito, nos propões reflexões sobre *a coisificação do homem e a humanização do animal à luz do posicionamento pretoriano*;

A *responsabilidade civil médica em casos de cirurgias plásticas estéticas* são problematizadas a partir da análise das pesquisadoras Anne Kelly Barbosa da Silva e Lorena Almeida de Brito.

Por sua vez, *o direito das famílias, sob os novos paradigmas do século XXI, com especial ênfase no princípio da afetividade*, resta problematizado por Daniel Kennedy Santana Lustosa.

Ainda na senda das relações familiares, o tema dos *Alimentos gravídicos avoengos* é tratado pelos pesquisadores Caroline Lima Alexandre e Wendel Alves Sales Macedo;

A *guarda compartilhada dos animais domésticos após a dissolução do vínculo conjugal*, abordando a família multiespécie e a competência para julgamento é tratada por Ana Beatriz Pessôa Barros, sob a orientação de Dimitre Braga Soares de Carvalho;

A *filiação sociafetiva* é tratada por Larissa da Nóbrega Costa que problematiza a antiga denominação dos "filhos de criação".

Camilla Araújo Cavalcanti problematiza a *multiparentalidade* e tece importantes considerações sobre o melhor interesse de pais e filhos;

Finalmente, registre-se que atuar como coordenadores do grupo de trabalho que originou o presente livro, foi uma satisfação diante da riqueza e qualidade dos debates desenvolvidos durante mais um bem-sucedido evento organizado pelo IDCC.

Desse modo, reiteram-se os pilares fundamentais da *humanização do Direito Civil* e convidamos os leitores desta obra a nos acompanharem nesta nova proposta de pensar o direito civil!

Os organizadores

O DIREITO DE FAMÍLIA E OS NOVOS ARRANJOS FAMILIARES DO SÉCULO XXI: A IMPORTÂNCIA DO PRINCÍPIO DA AFETIVIDADE

DANIEL KENNEDY SANTANA LUSTOSA

Introdução

A partir do advento da Constituição Federal de 1988 as noções tidas sobre as relações de parentesco, foram energicamente modificadas e concomitantemente a essas mudanças acabou-se por se manifestar uma incompatibilidade entre a Constituição então adotada e o Código Civil de 1916, surgindo assim à necessidade de refazê-lo à luz da nova Carta Magna. A partir dessa necessidade de uma formulação civil-constitucional da matéria civil, a família passou a ser alicerçada nos laços de afetividade. A família, hoje em dia, é nada menos que uma "união afetiva" em que sua essência e razão de existência residem na comunhão espiritual, dentro de uma atmosfera que tem como intenção a fortificação e o crescimento da unidade familiar, na qual homem e mulher constroem igualdades de valores, princípios, oportunidades e direitos (MADALENO, 2007, p.114).

E é a partir dessa percepção do que se pode conceituar como entidade familiar, as mudanças sociais presenciadas e os novos arranjos familiares evidenciados no século XXI que buscar-se-á na presente pesquisa, elucidar a relevância do princípio da afetividade no Direito de Família. E como esse princípio está vindo a impulsionar uma maior humanização do direito privado e se tornando uma ferramenta na garantia e efetividade de direitos como o direito à igualdade e a dignidade humana. Apontando aqui como um dos casos exemplificativos que demonstram essa importância do princípio da afetividade no ordenamento jurídico brasileiro e sua influência - além das novas necessidades jurídicas apresentadas pela sociedade na contemporaneidade - a decisão do Supremo Tribunal Federal sobre a inconstitucionalidade do artigo

1723 do Código Civil no ano de 2011.

A estrutura familiar e suas mudanças no decorrer do tempo e espaço

Tendo como princípio para o estudo da família a caracterização desta como uma célula social podemos dividi-la em três fases ou três estruturas de organização ao longo do tempo, possuindo cada uma suas particularidades, modos de formação e composição; são elas: a família romana-germânica; a família como instituição; e, a chamada "família moderna".

A família romano-germânica (monogâmica e patriarcal) costuma-se ser apontada como sendo a família originária, tendo seu exemplo mais clássico em Roma. Nesta fase, as relações familiares eram regidas pelo princípio da autoridade, caracterizando pelo exacerbado poder dado ao pai (pátrio poder), o qual exercia direito de vida e morte sobre os filhos, detendo, por exemplo, também do direito de vendê-los, enquanto a mulher se encontrava em constante estado de subordinação possuindo uma *capitis deminutio* eterna (no Direito Romano, significava a diminuição da capacidade. Atualmente esta expressão jurídica significa a diminuição ou perda de autoridade, em geral humilhante ou vexatória). A família patriarcal era o mundo do homem por excelência. Crianças e mulheres não passavam de seres insignificantes e amedrontados, cuja maior aspiração eram as boas graças do patriarca (ALVES, 2009).

É importante ressaltar aqui que até o século XX, no Brasil, eram facilmente identificados traços dessa concepção de família, por exemplo, em costumes como a escolha das profissões dos filhos pelo pai e a proibição, muitas vezes, dada pelos maridos, as esposas para não trabalharem fora de casa.

A partir da eclosão do processo urbanizatório, este modelo de composição doméstico de família vai se esvaindo, perdendo o caráter autoritário e passando para um viés mais democrático, inaugurando a chamada família germânica. Tal novo modelo de família seria caracterizado, dentre outros aspectos pela a sacralidade da família, a diminuição da autoridade patriarcal e a maior participação de todos os integrantes do arranjo familiar.

Sendo o Direito um produto do meio social e estando a mercê de mudanças no decorrer do tempo e espaço, este não poderia deixar de ser afetado e chamado a se pronunciar diante das novas necessidades e demandas apresentadas pela sociedade pela nova estrutura familiar observada, tendo que consequentemente se adequar a essa nova realidade. E é nesse momento de ensejo social por mudanças no cenário jurídico que nos deparamos com: a família como instituição.

Grandes autores, como Da Matta, afirmavam, em outras palavras, que a família no Brasil Colônia era tida como uma instituição indispensável para a vida social. Afirmando que aquele que não fosse membro de um círculo familiar praticamente não sobrevivia socialmente, sendo malvisto, renegado ou ignorado. Neste período da história cultural brasileira, a noção de indivíduo ainda não havia se enraizado, e o bem-estar social significava primordialmente a ideia de pertencimento a algum grupo familiar. "Quem não tem família já desperta pena antes de começar o entrecho dramático; e quem renega sua família tem, de saída, a nossa mais franca antipatia" (Da Matta, 1987, p.125).

Buscando-se proteger o vínculo conjugal como fator de coesão formal da família, busca-se evitar interferências externas na estrutura familiar de modo a se perseverar a paz doméstica, ainda que em detrimento da realização pessoal de seus integrantes. Logo, passa-se a destacar em todas as relações de família a característica do "sacrifício individual", sempre contando com uma enorme ingerência do Estado nestas questões (REIS, 2008). A família constituída no casamento passa a ser considerada como uma instituição vital para a proteção da paz no seio do campo doméstico.

Na contemporaneidade, nos deparamos com diversos movimentos sociais, políticos e econômicos, como a, paulatinamente maior, inserção da mulher no mercado de trabalho, a luta por igualdade de gênero, o êxodo rural e o consequente processo de concentração urbana, além de passarmos por diversos problemas nas mais diversas esferas (social, econômica, política e legislativa), ocorrências/fatos que vieram a refletir diretamente no núcleo familiar, resultando no que hoje denomina-se: a família moderna.

A família moderna é caracterizada, dentre outras coisas, pela maior autonomia dos seus integrantes (a qual foi reforçada pela possibilidade de dissolução do vínculo conjugal através do divórcio, saísse da ideia do casamento romano-germânico pautado no pátrio poder e na submissão para uma concepção de matrimônio baseado na ideia de realização de projetos individuais) e na redução do número de integrantes (com a inserção da mulher no mercado de trabalho e a sua capacitação profissional a ideia anteriormente adotada sobre grandes famílias e diversos filhos deixam de ser o principal objetivo delas que agoram visam, em sua maioria, o seu desenvolvimento profissional e a conquista de seu próprio espaço).

Nota-se, por fim, a ocorrência de um processo de transição contínuo e gradativo de um modelo pautado em uma ideia unitária (família fundada no casamento) para novas estruturas, moldes de família que privilegiam a observância do afeto, da solidariedade e do incentivo da dignidade humana no seio familiar. Um processo de transição pautado nas influências sociais e que almeja a formação de um novo paradigma jurídico que venha a abarcar a família pós-moderna.

O conceito nuclear de família e o Século XXI

Conceitua-se "família" o conjunto de pessoas que possuem grau de parentesco entre si e vivem na mesma casa formando um lar. Em suma, a família é vista como uma instituição responsável por engendrar a educação dos filhos e influenciar o comportamento deles no ambiente social. Tal instituição tem papel fundamental no desenvolvimento de cada indivíduo pois é no campo familiar que é transmitido costumes, tradições, valores morais e sociais que servirão como pilares para o processo de socialização da criança e do jovem adolescente. Valendo-se ressaltar que se preza essencialmente pela observância de algumas qualidades/requisitos no ambiente familiar, são alguns deles: harmonia, afeto, proteção, confiança, segurança, conforto e bem-estar.

Costumava-se ter, comumente, como ideia de estrutura familiar a oferecida pelo conceito de "família nuclear" - aquela pautada na ideia de um pai, uma mãe e filhos - porém essa percepção do que seria uma "família" vem sendo mudada atualmente devido, dentres outras coisas, aos diversos avanços sociais, econômicos e políticos. Pode-se apontar, como algumas das novas estruturas familiares tidas no século XXI: 1) a família monoparental: composta por apenas um dos progenitores: pai ou mãe. Os motivos que possibilitam essa estrutura são diversos. Englobam causas circunstanciais (morte, abandono ou divórcio) ou ainda, a decisão de ter um filho de forma independente; 2) a família comunitária: nesta estrutura, todos os membros adultos que constituem o agregado familiar são responsáveis pela educação da criança; 3) a família arco-íris: é constituída por um casal homossexual (ou pessoa sozinha homossexual) que tenha uma ou mais crianças ao seu cargo; 4) a família contemporânea: é caracterizada pela inversão dos papéis do homem e da mulher na estrutura familiar passando a ser a mulher a chefe de família. Abrange a família monoparental, constituída por mãe solteira ou divorciada.

Ao decorrer da história a noção de família pautada na ideia nuclear foi sendo destituída. A família nuclear sofreu ao longo das décadas do conturbado século XX, mudanças significativas, notadamente em relação ao papel da mulher no seio da família. Isto é, após a Primeira Guerra Mundial as mulheres na Europa começaram a ingressar na vida profissional, conquistando direitos sociais e políticos como, por exemplo, o direito ao voto. Conforme afirma FALCÃO (2003, p 80) a inserção da mulher no mercado de trabalho: "Iniciou com as I e II Guerras Mundiais em que as mulheres tiveram que assumir a posição dos homens no mercado de trabalho. Com a consolidação do sistema capitalista no século XIX, algumas leis passaram a beneficiar as mulheres. Mesmo com estas conquistas algumas explorações continuaram a existir. Através da evolução dos tempos modernos as mulheres conquistaram seu espaço."

Com o crescimento do movimento LGBT essas transformações não estagnaram muito pelo contrário aumentaram em grande escala. A partir da legitimação do discurso LGBT, abre-se espaço para reivindicação de interesses como a homoparentalidade que, se tratando de uma causa com anseios próprios, apenas requer que o referencial parental torne-se independente do sexo, do gênero e da orientação sexual, numa contemporânea caracterização familiar que desconvencionaliza a família, não a deslegitimando. Ao contrário, amplia sua abrangência e moldes significativos diante da possibilidade de congregar outros modos de vida familiar, na qual a parentalidade aparece dissociada da sexualidade. Trata-se de uma questão de cidadania e de direitos. E, o Estado, deve servir como um espelho assimilacionista de demandas (OLIVEIRA, 2011).

A noção de família deixa de seguir ideias conservadoras e ultrapassadas pautadas em perspectivas, em outras palavras, preconceituosas e discriminatórias para seguir um viés conceitual da estrutura familiar pautada nos reais valores que deveriam e devem formar toda e qualquer familiar que vise a aptidão de cumprir com os objetivos primordiais dessa instituição de caráter social: o afeto, a segurança, a proteção, a harmonia, o bem-estar e o conforto.

O princípio da afetividade como qualificador da estrutura familiar

Desta forma, mediante as diversas mudanças sociais pelas as quais a família veio a passar ao decorrer do tempo, destacando-se uma maior autonomia dos integrantes e o surgimento de novos arranjos familiares, o Direito não podia se calar mediante tais fatos tendo que consequentemente reconhecer a necessidade de estabelecer uma nova concepção de família que abarcasse todas essas novas "diretrizes familiares". Mas em que formular essa nova concepção de família? Qual alicerce o Direito poderia elencar para esses novos modelos familiares? A resposta para essas indagações foi encontrada no princípio da afetividade.

A família pós-moderna vem vivenciando um "processo de instrumentalização", pelo qual a influência de viés externo (seja do Estado ou da religião, por exemplo) se torna paulatinamente menor ganhando, contudo, maior espaço a ideia de realização existencial afetiva de seus membros. Um vasto mosaico de entidades familiares foi reconhecido, uniões livres (homo e heteroafetivas) e parentescos vincados apenas por laços afetivos passaram a ser vistos com maior dignidade. A igualdade e a liberdade foram gradativamente conferidas aos relacionamentos e alteraram o quadro de estabilidade anterior, uma vez que a qualidade dos vínculos passou a ser objeto de análise constante. Essas consequências acabaram por gerar diversas uniões, separações, novas uniões em um quadro de combinações e recombinações sem precedentes. A instabilidade alcançou os relacionamentos familiares, outrora tidos como exemplos de segurança e de estabilidade (CALDERÓN, 2013).

A afetividade é um dos princípios do direito de família brasileiro possuindo caráter implícito no texto constitucional, explícito e implícito no Código Civil e nas demais regras do ordenamento jurídico brasileiro. Este princípio advém da força construtiva dos fatos sociais, possuindo densidade legislativa, doutrinária e jurisprudencial. Segundo CALDERÓN (2013), o princípio da afetividade possui uma dupla face cujo entendimento auxilia na exata percepção do seu sentido, diz o autor:

> A primeira delas é a face de dever jurídico, voltada para as pessoas que possuam algum vínculo de parentalidade ou de conjugalidade (aqui incluídas não só as relações matrimoniais, mas todas as uniões estáveis de alguma forma reconhecidas pelo sistema). Essa face do princípio vincula tais pessoas a condutas recíprocas representativas da afetividade inerente a tal relação. A segunda faceta do princípio é a face geradora de vínculo familiar, voltada para as pessoas que ainda não possuam um vínculo reconhecido pelo sistema (seja de parentalidade, seja de conjugalidade), pela qual a incidência do princípio da afetividade consubstanciará um vínculo familiar entre os envolvidos. Nessa particularidade resta abarcada a noção da posse de estado, ou seja, a presença de um dado conjunto fático fará incidir o princípio da afetividade de modo a configurar, a partir de então, um vínculo familiar decorrente daquela relação. (CALDERÓN, 2013)

Desse modo, a ideia de que o direito deve trabalhar com a afetividade e que sua atual consistência indica que ela se forma em princípio jurídico em nosso ordenamento, torna-se plausível. A concretude da afetividade nas relações sociais, dando-se ênfase aqui para as relações familiares, apresentava-se como um grande indicador de que o direito não pode se deixar alheio a tal relevante aspecto de mudanças sociais. O conceito de família pautada no matrimônio e no molde nuclear perdeu espaço. As relações familiares passaram ser caracterizadas pelo vetor da afetividade, que encontrava amplo acolhimento na sociedade.

Reflexos do princípio da afetividade e dos novos arranjos familiares no direito de família

Vivemos, atualmente, na chamada "Era da Informação", na qual nos deparamos como nunca antes visto com mudanças em uma escala de rapidez impressionante em todos os meios que formam a sociedade seja ele o político, o econômico, o científico ou o social. E dentre tais mudanças uma veio a ganhar determinado destaque entre as demais: a percepção tida sobre a afetividade e os novos arranjos familiares do século XXI.

O espaço familiar sempre se mostrou ser de suma importância ao desenvolvimento individual das pessoas e a sua consolidação como sujeito integrante de uma pluralidade social, o qual ao perpassar do tempo e os diferentes valores tidos na sociedade, veio a sofrer por diversas formas de estruturação e de regulamento de seus componentes. Porém, mesmo com essa diversidade de modelos familiares (que vai do modelo patriarcal até a família homoafetiva), pode-se identificar um elemento comum à todos eles: o afeto.

Estando presente no ordenamento jurídico brasileiro como um princípio, "o afeto busca atender a um objetivo de concretude, ao ser aplicado nos casos concretos e específicos das relações e institutos familiares, e também a um objetivo de adequação e fluidez, sendo possível discutir o seu conceito e os seus efeitos conforme a realidade social e histórica em que se vive." (REIS, 2008, p.08) E é dentro dessa conjuntura que encontramos novos arranjos familiares dando-se destaque em especial aqui: a família homoafetiva.

Com a promulgação da Constituição Federal de 1988 a dignidade humana foi elevada a fundamento da república, passando a ser o vértice do ordenamento jurídico. A perspectiva civil constitucional que propõe a reinterpretação do direito privado iluminada pela Constituição, consegue desta forma apresentar um meio para se proteger essas novas entidades familiares, cujos vínculos se unem pela força do afeto, e não mais pela sua forma rígida e limitada (presenciada, por exemplo, no Código Civil de 1916), temos aqui como um exemplo jurisprudencial a decisão do Supremo Tribunal Federal sobre a inconstitucionalidade do artigo 1723 do Código Civil Brasileiro o qual elucida: "É reconhecida como entidade familiar a união estável entre o homem e a mulher, configurada na convivência pública, contínua e duradoura e estabelecida com o objetivo de constituição de família."

Visto o disposto em tal artigo, até pouco tempo, a união homoafetiva era tida como uma simples sociedade de fato, algo que a luz do modelo atual de sociedade com o qual nos deparamos e o princípio da afetividade, a interpretação de tal artigo que levava em consideração como sendo "entidade familiar juridicamente válida" aquela constituída por homem e mulher se viu, diga-se, "ultrapassada e insuficiente" para o atual panorama social.

Desse modo, no dia 5 de maio de 2011, em uma decisão histórica, o Supremo Tribunal Federal, decidiu por unanimidade, considerar como união estável, também, as relações entre pessoas do mesmo sexo. A partir dessa decisão, os casais homossexuais passam a ter os mesmos direitos dos casais heterossexuais em regime de união estável, como pensão e herança em caso de morte de um dos parceiros etc. O julgamento do STF foi feito com base em duas ações: Uma Ação Direta de Inconstitucionalidade (ADI 4277) e uma Arguição de Descumprimento de Preceito Fundamental (ADPF 132).

Em síntese, a interpretação do artigo de 1723 em que a união entre pessoas do mesmo sexo é tida apenas como mera sociedade de fato foi tida como inconstitucional, por, entre outras coisas, ferir os seguintes princípios constitucionais: princípio da dignidade da pessoa humana (art. 1°, inciso III), princípio da igualdade (art. 5°, caput), princípio da vedação de discriminações odiosas (art. 3°, inciso IV) e princípio da proteção à segurança jurídica. Mediante ações como essa percebemos a importância da observação e preservação do princípio da afetividade na atualidade e da necessidade de se rever interpretações "caducas" da Carta Magna, que caíram, atualmente, em desconformidade com os novos parâmetros e realidade social.

Podem-se citar como algumas das disposições constitucionais que confirmam a necessidade de se rever conceitos à luz do princípio da afetividade e de buscar-se uma maior humanização do direito privado mediante uma perspectiva constitucional, o que se segue: o art. 226 da Constituição Federal, o qual projeta a família como um porto seguro digna da proteção do Estado. Ainda no § 5° do mesmo artigo, homem e mulher tem tratamento igualitário nas relações conjugais pela Constituição. Nos incisos I e IV do referido artigo, a entidade familiar ficou com um conceito amplo sobre sua forma de constituição. O casamento, a união estável e a família monoparental foram explicitamente instituídas, além de outras formas de família existentes, como a família socioafetiva, homoafetiva, entre outras entidades familiares fundadas em laços de afeto. O caput do artigo 226 da Constituição Federal consagra que a entidade familiar é caracterizada pela comunhão plena de vida entre as pessoas, fundadas em laços de afeto, não mais sendo caracterizada apenas pelo instituto do casamento e, diante dessa classificação, qualquer família merece a proteção e a guarda pelo

Estado.

Ademais, pode-se citar ainda como uma das consequências da observância da afetividade como verdadeiro princípio, o reconhecimento da parentalidade socioafetiva como nova forma de parentesco, enquadrada na cláusula geral "outra origem", do art. 1.593 do CC/2002. Como já afirmava João Baptista Villela (1979), o "vínculo de parentalidade é mais do que um dado biológico, é um dado cultural".

Neste sentido, levando-se em consideração as constantes mudanças que não somente o meio social como também o direito se encontra a mercê (tendo em vista o constante "relativismo" como o qual se depara), torna-se, basicamente, impossível abordar o Direito de Família sem remeter-se ao princípio da afetividade, o qual tem na sua observância o direcionamento direto ao respeito à dignidade da pessoa humana e ao direito à igualdade.

Conclusão

O conceito de família não é sólido, imutável, não se restringe aquele conceito nuclear encontrado comumente, a base familiar não possui um modelo *stricto sensu*, seu pilar principal é o afeto, sendo assim o Princípio da Afetividade deve ser evidenciado não só como um episódio psico ou sociológico, mas sim como possuidor de valor jurídico que veio a alcançar, pode-se dizer à condição de verdadeiro princípio geral. Direito de Família é o conjunto de regras aplicáveis às relações entre pessoas ligadas pelo casamento, pelo parentesco, pela afinidade e pela adoção (GOMES, 1999, p.02). Deste modo, o elo atual da família é a afetividade, a qual é o "elemento, a massa" de estruturação dos novos e, também, tradicionais arranjos familiares. Elemento esse que não toma por critério de avaliação, desempenho ou julgamento a orientação sexual de quem vem a compor a estrutura familiar pois preza pela garantia de um bom desenvolvimento não só físico quanto psíquico do indivíduo, que poderá vir a ter ao longo de sua vida diversas experiências das quais nem todas poderão vir a ser agradáveis, sendo os modelos adquiridos no convívio familiar, de extrema importância para a formação do mesmo.

Mediante os novos arranjos familiares evidenciados no século XXI, a nova perspectiva dada juridicamente as relações familiares representa um fruto direto do movimento da constitucionalização do direito civil, proporcionando maior relevância de cunho jurídico aos direitos existenciais, do que aqueles considerados tão-somente patrimoniais. E sendo, assim, a família uma estrutura, um conjunto social de constante mudança, faz-se mister a apresentação e o estudo do princípio da afetividade e seus efeitos no campo jurídico, tendo em mente, sempre, que o afeto deve ser visto como um elemento geral para a constituição e interpretação de qualquer arranjo familiar, por ensejar a necessidade de se respeitar tantos princípios e direitos constitucionais.

Referências

ALVES, Roosenberg Rodrigues. Família Patriarcal e Nuclear: Conceito, características e transformações. Disponívelem:<https://pos.historia.ufg.br/up/113/o/IISPHist09 _RoosembergAlves. pdf>. Acesso em 20 de junho de 2018.

BRASIL. Constituição da República de 1988. Vade Mecum. 25 ed. São Paulo: Saraiva, 2018. BRASIL. Código Civil de 2002. Vade Mecum. 25 ed. São Paulo: Saraiva, 2018.

BRASIL. Ação Direta de Inconstitucionalidade 4277. Disponívem em:<http://www.stf.jus.br/portal/geral/verPdfPaginado.asp?id=4 00547&tipo=TP&descricao=ADI% 2F4277>. Acesso em 06 de junho de 2018.

BRASIL. Arguição de Descumprimento de Preceito Fundamental 132. Disponívem em: <http://redir.stf.jus.br/ paginadorpub/paginador.jsp?docTP=AC&docID=628633>. Acesso em 06 de junho de 2018.

CALDERÓN, Ricardo Lucas. **Princípio da afetividade no direito de família**. Rio de Janeiro: Renovar, 2013.

DA MATTA, Roberto. A família como valor: concepções não-familiares sobre a família à brasileira. In: ALMEIDA, A.M. **Pensando a família no Brasil. da colônia à modernidade**. Rio de Janeiro: Espaço e Tempo, 1987.

GOMES, Orlando. Direito de Família, 11.ed. Rio de Janeiro: Forense, 1999.

MADALENO, Rolf. **Repensando o Direito de Família**. Porto Alegre: Livraria do Advogado, 2007.

REIS, André Gomes de Noronha. O Afeto Nas Relações Familiares. Disponível em: https://www.maxwell.vrac.puc-rio.br/16682/16682.PDF. Acesso em 28/05/2018.

OLIVEIRA, Daniela Bogado Bastos. O Movimento LGBT e a Luta pelo Reconhecimento da Família Homoparental. Disponível em: <http://periodicos.ufes.br/SNPGCS/article/view/1483/1221>. Acesso em 25 de julho de 2018.

FOOD TRUCKS, FOOD BIKES E FOOD CARTS: INSTRUMENTOS DE PROMOÇÃO DA FUNÇÃO SOCIAL DA CIDADE

NATHALYA RIBEIRO MÁXIMO DE ALMEIDA

Introdução

O processo de urbanização configura-se como um dos principais fatores de crescimento das cidades, ao passo que a ocupação de espaços públicos e privados por meio de *"food trucks"* (comercialização de alimentos em veículos automotores), *"food bikes"* (comercialização de alimentos em bicicletas) e *"food carts"* (comercialização de alimentos em veículos sem propulsão autônoma), também designados como sendo comida de rua sobre rodas, constituem uma inovação social inserida na temática do Direito Civil-Constitucional, trazida pelas transformações do espaço urbano ao longo das últimas décadas e incentivadas pela Lei nº 10.257, denominado Estatuto da Cidade e a Carta Mundial pelo Direito à Cidade.

A *prima facie*, é imperioso dispor que a comercialização de alimentos sobre rodas possui importância econômica, social e cultural para a urbe, haja vista que a função social da cidade é efetivada a partir da execução da política urbana, que tem por fundamento ordenar o pleno desenvolvimento das funções sociais da cidade e da propriedade urbana mediante a fixação de diretrizes gerais.

Diante disso, a cidade pode ser estudada sob diversos aspectos, seja sob o aspecto histórico, em que os desdobramentos das cidades refletem um longo processo histórico; seja sob o aspecto geográfico, em que a natureza fornece o espaço pela qual o homem satisfaz as suas necessidades; seja sob o aspecto econômico, haja vista o desenvolvimento dos núcleos urbanos a partir do comércio, como também pode ser estudada sob o aspecto político e sociológico. Pode-se inferir que a cidade, no decorrer de sua evolução, assumiu inúmeras matizes.

Entrementes, impende destacar que o crescimento urbano no

Brasil resultou da intervenção do Estado, através da instituição de políticas públicas e do Plano Diretor. Também exerceu papel significante no processo de consolidação de normas urbanísticas que vicejam o planejamento e o desenvolvimento urbano, com sorte a higienização e o embelezamento das cidades.

No que tange à função social da cidade, esta recebe destaque a partir da Constituição de 1988, na disposição do artigo 182, que instituiu a política de desenvolvimento urbano, bem como suas diretrizes gerais a fim de serem executadas pelo poder público municipal, através do Plano Diretor.

Tendo em conta essas circunstâncias, neste artigo serão analisados os instrumentos de política urbana previstos na Lei nº 10.257 - Estatuto da Cidade, os quais se mostram capazes de ordenar os espaços públicos e privados em prol do interesse coletivo, a fim de que seja efetivada a função social da cidade. A importância do tema em tela se pauta na hodierna preocupação global de desenvolvimento sustentável, em outras palavras, desenvolvimento econômico, social, espacial e ambiental integrado ao bem-estar coletivo das presentes e futuras gerações.

Não obstante, o estudo técnico-científico acerca do tema *in causo* tem repercussão na esfera social, haja vista que discute mecanismos para se evitar a concentração de renda, a segregação social, bem como, busca promover alternativas de utilização de espaços subutilizados ou má utilizados, buscando a preservação ao meio ambiente e as novas formas de desenvolvimento social.

O método de abordagem aplicado foi, predominantemente, o hipotético-dedutivo, uma vez que a presente fundamentação será baseada na combinação de hipóteses, as quais buscarão alcançar um conjunto de postulados que corroborem e comprovem a premissa aqui advogada.

Ademais, como principal método de procedimento, optar-se-á pelo histórico, considerando a necessidade de analisar a construção teórica do regime de comida nas ruas tradicional apresentado por comerciantes ambulantes, até se chegar à comida nas ruas sobre rodas apontado por *"street vendor"*.

Por conseguinte, é de bom alvitre enaltecer que a abordagem acerca do uso e ocupação do solo por *"food truks"*, *"food bikes"* e *"food carts"* será substancialmente teórica, tendo em vista a ausência de normatização que perpassa esse segmento mercantil, ainda considerado, informal e a inexistência de convicção convergente a respeito das inovações sociais trazidas pelo processo de urbanização, haja vista que este setor informal urbano tem tido pouco tratamento científico.

No que cerne à técnica de pesquisa utilizada no estudo analítico do presente artigo, impende destacar o uso de documentação indireta, com pesquisas documentais e bibliográficas, nomeadamente: fontes referenciais, tais quais a legislação material (Constituição da República e Estatuto da Cidade), que assegurou a necessidade de estudar com cautela a literalidade de leis, bem como manuais e artigos jurídicos-científicos a fim de compreender o urbanismo em todas as suas manifestações, haja vista que a sua evolução se coaduna com a evolução da cidade.

A nova comida de rua *(food truck, food bike* e *food cart)*

Prefacialmente, cumpre enunciar que a noção de comida de rua pode ser compreendida, segundo a Organização Mundial de Saúde – OMS (1996, p. 2), como sendo "comidas e bebidas preparadas e/ou vendidas por vendedores nas ruas e outros lugares públicos para consumo imediato ou não, mas sem o posterior processamento ou preparação".

Corroborando com esse entendimento, Rogéria Campos de Almeida Dutra (2012, p. 9) consigna que comida de rua é o "alimento oferecido ao público pronto para o consumo imediato, preparado e vendido por vendedores em bancas ou barracas semimóveis, que se instalam em pontos estratégicos das ruas da cidade, como esquinas, calçadões, praças e monumentos". Ainda, Susana Gastal e Krisciê Pertile (2013, p. 3) afirmam que "as comidas de rua são definidas como o conjunto de alimentos e bebidas preparados ou vendidos por ambulantes, especialmente nas ruas e lugares públicos".

Por conseguinte, é plausível expor que os vendedores de rua, também denominados de *"street vendors"*, são classificados como ambulantes cuja atividade de comercialização de alimentos nas ruas é um segmento que está inserido nesse tipo de comércio, pois, conforme leciona João Batista Pamplona (2013, p. 230):

> A expressão "ambulante" designa trabalhador normalmente auto empregado que vende diretamente ao consumidor (varejo) produtos diversos (normalmente miudezas e mercadorias de mais baixo valor), ou presta serviços (normalmente de alimentação), em vias e logradouros públicos (ruas, calçadas, praças, jardins, etc.),

fora de lojas, em postos, fixos ou móveis, ou de forma itinerante levando sua mercadoria junto ao corpo, com ou sem permissão oficial.

Isto posto, impende destacar que nem todo ambulante, necessariamente, labora com a comercialização de comida de rua, mas os vendedores de comida de rua são necessariamente ambulantes, visto que estes comercializam diversos tipos de produtos, como vestuário, importados e alimentos e possuem como característica fundamental a atuação nas ruas, independente qual seja o objeto de seu comércio.

Destarte, a comida de rua, que já existe no Brasil desde o século XVI, sofreu um processo de mutabilidade no que tange ao aperfeiçoamento das técnicas de comercialização. Segundo Rogéria Campos de Almeida Dutra (2012, p. 2), "as transformações ocorridas nas sociedades capitalistas urbanas e industriais estão associadas às modificações na esfera cultural, com redefinições de valores, visões de mundo e estilos de vida". Já conforme consigna João Batista Pamplona (2013, p. 226):

> O comércio de rua é um fenômeno vigoroso, que resiste há séculos de mudanças econômicas e urbanas e, ao contrário do que se imaginava, não sucumbiu à modernidade capitalista, mas foi alimentado por ela, por suas iniquidades. Nas grandes cidades brasileiras, o comércio de rua envolve diretamente uma quantidade de pessoas – vendedores e clientes – grande demais para ser ignorada.

Nesse ínterim, a partir da contextualização da comida de rua, pode-se dizer que a "nova" comida de rua, também conhecida como *"street food"*, importa no fenômeno urbano de uso e ocupação do solo por comerciantes ambulantes - *"street vendors"*- que se desenvolve a partir da comercialização de alimentos sobre rodas.

A comercialização de alimentos sobre rodas é instrumentalizada por meio de *"food trucks"*, que são veículos adaptados para a comercialização de comida, cuja mobilidade é uma característica fundamental. Nesse sentido, o Serviço Brasileiro de Apoio às Micro e Pequenas Empresas (SEBRAE, 2016, p. 8) dispõe que *"food truck"* é uma "cozinha móvel, de dimensões pequenas, sobre rodas que transporta e vende alimentos de forma itinerante, podendo instalar seu comércio tanto em locais públicos como privados".

Nessa esteira, Cristian Leal e Carmen Fontes Teixeira (2014, p. 20) destacam:

> A comida de rua pode ser comercializada em postos de venda fixos, semifixos e ambulantes, contemplando uma grande variedade de materiais e equipamentos para a sua realização, que vão desde os mais sofisticados (como água e energia elétrica) aos mais simples através da utilização de caixas e cestos, podendo ser preparado em casa, semipreparado e finalizado na rua ou totalmente preparado na rua.

Ainda, impende salientar que a comercialização de alimentos sobre rodas compreende múltiplas formas de apresentação, a depender do tipo de veículo utilizado para tal fim. Cabe citar como exemplos os *"food trucks"* (comercialização de alimentos em veículos automotores, podendo ser vans, motocicletas e kombis), *"food bikes"* (comercialização de alimentos em bicicletas) e *"food carts"* (comercialização de alimentos em veículos sem propulsão autônoma, diga-se separados do motor do carro, podendo ser desde um simples carrinho, até trailers com vultuosas estruturas). Contudo, o termo *"food truck"* é comumente empregado para se referir à utilização, em âmbito geral, de meios móveis para a comercialização e preparação de alimentos.

Desse modo, a prática contemporânea da comida de rua sobre rodas difere da prática de comida de rua tradicional, tendo em vista que a comida de rua sobre rodas pode ser estabelecida tanto em espaços públicos quanto privados, como estacionamento de lojas (pagos ou não), em *"food parks"*, que podem ser definidos, segundo SEBRAE (2016, p. 8) como "espaços comerciais destinados ao aluguel de vagas para *"food trucks"* – no sentido de cozinhas móveis", ou ainda em eventos. Neste contexto, é importante destacar o que lecionam Gabriela Silva, Luana Lima e Nelson Lourenço (2015, p. 1):

> As mudanças significativas que ocorreram na sociedade moderna favorecem a criação ou a reformulação de diferentes modelos de comércio, que se apresentam como forma de suprir a demanda gerada por um consumidor, que também passa por transformações constantes. Neste contexto está inserido o Food Truck que surge com características que o diferem do comércio "ambulante" contribuindo para a sua possível longevidade, o que motiva e permite estudo sobre os aspectos relacionados a esta hipótese.

À vista disso, é imperioso elucidar que a comercialização de alimentos sobre rodas representa um fenômeno moderno de expansão rápida, que está presente de forma progressiva no comércio informal e que possui uma profunda importância social e econômica para as cidades.

Destarte, no que concerne à importância social, é imprescindível expor que a comida de rua corresponde um ambiente democrático e de fácil acessibilidade à população, independentemente de sua classe social, visto que os preços são os mais variáveis possíveis, contribuindo no combate à fome e ainda, colaborando com a preservação cultural das cidades com a comercialização de comidas típicas de cada região.

Ademais, no que tange à valoração econômica da comida de rua sobre rodas, é mister destacar que é um fenômeno de geração de emprego e renda para a cidade, apesar de possuir um nível elevado de informalidade e não ser qualificado pelos órgãos públicos. Sobreleva ressaltar que a inexistência de preceito legal dificulta a aferição de resultados do quanto a prática dessa atividade tem movimentado a economia e quantas pessoas subsistem desse fim. Entretanto, apesar dessas barreiras, é possível visualizar o impacto causado na economia pela comercialização de alimento sobre rodas, visto que incentivou os microempreendedores a movimentarem a relação comercial da cidade.

Atualmente, a instalação dos meios móveis de venda de alimentos nos espaços públicos se dá pelo atendimento de legislações municipais para a ocupação de ambulantes em logradouros públicos, sendo necessário a obtenção de anuência da prefeitura, bem como, em alguns Municípios, da anuência da vigilância sanitária para sua atuação. Já em espaços privados só é necessário o atendimento das normas de vigilância sanitária, o pagamento de tributos fiscais e, em alguns casos, do pagamento de aluguel para a utilização do espaço. Além disso, é válido dispor que tanto em espaços públicos quanto em espaços privados é necessário o cumprimento das normas do Departamento Nacional de Trânsito para a sua instalação.

Contudo, é de bom alvitre destacar que a comercialização de alimentos em espaços privados oferece diversas vantagens se comparada à comercialização de alimentos em espaços públicos, tendo em vista que dispõem de uma maior acessibilidade;

segurança e infraestrutura, com a disponibilização de banheiros; estacionamentos; mesas comunitárias; limpeza do espaço comum; brinquedotecas e seguranças.

Ademais, convém pôr em relevo que a venda de comida sobre rodas é numerosa e possui cardápios diversificados que apresentam novos padrões alimentares, novos figurantes e novas formas de atuação com o estabelecimento de comércio de alimento em pontos heterogêneos da cidade, o que trouxe uma nova conotação social e cultural da comida de rua, pois conforme consigna Henri Léfèbvre (1991, p. 24) "as pessoas que migraram para sobreviver como ambulantes nas ruas da cidade, no contexto da revolução industrial, foram tratadas como coisas". Ou seja, os comerciantes ambulantes deixaram de ser vistos como "coisa" para serem compreendidos como empreendedores, a partir da valorização e *"goumertização"* do seu espaço laboral e das técnicas utilizadas para a consecução de seus fins.

Diante disso, verifica-se que a utilização de *"food trucks";* *"food bikes"* e *"food carts"* é um fenômeno peculiar do comércio informal que tende a crescer cada vez mais. Por isso, chegará um ponto em que será imperiosa a regulamentação dessa atividade, tendo em vista que a territorialização de calçadas e ruas por comerciantes de alimentos sobre rodas influi diretamente no crescimento urbanístico e paisagístico das cidades.

Food truck, food bike e *food cart* como meios de promoção à função social da cidade

De acordo com a Carta Mundial pelo Direito à Cidade (FÓRUM SOCIAL MUNDIAL POLICÊNTRICO, 2006), a urbe deve concretizar sua função social a partir do que se segue:

> 2. FUNÇÃO SOCIAL DA CIDADE E DA PROPRIEDADE URBANA:
>
> 2.1 Como fim principal, a cidade deve exercer uma função social, garantindo a todos seus habitantes o usufruto pleno dos recursos que a mesma oferece. Isso significa que deve assumir a realização de projetos e investimentos em benefício da comunidade urbana no seu conjunto, dentro de critérios de equidade distributiva, complementaridade econômica, respeito à cultura e sustentabilidade ecológica para garantir o bem-estar de todos os habitantes, em harmonia com a natureza, para hoje e para as

futuras gerações.

Já no que tange ao desenvolvimento urbano equitativo e sustentável e o compromisso das cidades com o setor privado, a Carta supramencionada (FÓRUM SOCIAL MUNDIAL POLICÊNTRICO, 2006) dispõe:

> Artigo V. DESENVOLVIMENTO URBANO EQUITATIVO E SUSTENTÁVEL
>
> 1. As cidades devem desenvolver um planejamento, regulação e gestão urbano-ambiental que garantam o equilíbrio entre o desenvolvimento urbano e a proteção do patrimônio natural, histórico, arquitetônico, cultural e artístico; que impeça a segregação e a exclusão territorial; que priorize a produção social do hábitat e a função social da cidade e da propriedade. Para tanto, as cidades devem adotar medidas que conduzam a uma cidade integrada e equitativa.
>
> 5. COMPROMISSO SOCIAL DO SETOR PRIVADO
>
> As cidades devem promover que os agentes do setor privado participem em programas sociais e empreendimentos econômicos com a finalidade de desenvolver a solidariedade e a plena igualdade entre os habitantes de acordo com os princípios previstos nesta Carta.

Ainda, é imperioso colacionar as disposições da Carta Mundial ao Direito à Cidade (FÓRUM SOCIAL MUNDIAL POLICÊNTRICO, 2006) no que se refere ao direito ao trabalho, consigna:

> ARTIGO XV. DIREITO AO TRABALHO
>
> 5. As cidades devem promover a integração progressiva do comercio informal que realizam as pessoas de baixa renda ou desempregadas, evitando sua eliminação e repressão. Também se disponibilizarão espaços destinados para o comércio informal e políticas adequadas para sua incorporação à economia urbana.

A partir dessa contextualização, é possível afirmar que a venda de comida de rua sobre rodas é um fenômeno de importância social, nutricional, econômica, bem como sanitária, e que o modo de vida urbano influi diretamente com o formato em que se dão os vínculos entre os indivíduos e o território, sendo imperioso destacar que as cidades têm, entre outros objetivos, o decrescimento da concentração de renda que resulta em segregação social e espacial; o cuidado pela preservação do meio ambiente e o desvelo pelo acelerado processo de urbanização.

Corrobora com esse entendimento Robert Frommer, Erin Norman, Bert Gall e Lisa Knepper (2011, p. 5), quando dispõem que:

> (...) essa modalidade de comercialização de refeições apresenta grandes benefícios para as cidades. Além de colaborar para a geração de empregos, a compra de produtos e serviços locais, a contribuição com impostos sobre as vendas e o pagamento de taxas para operação dos *food trucks* também contribuem para fomentar a economia. Esses caminhões customizados, ao contrário do senso comum, também cooperam para atração de novos clientes para os restaurantes, que se explica pela capacidade que têm de ativar espaços e ruas subutilizados, contribuindo, por conseguinte, para a intensificação das vendas e do comércio de varejo como um todo.

Diante disso, é oportuno consignar que o comércio de rua possui efeitos heterogêneos, haja vista que enquanto a ausência de regulamentação ocasiona óbice à ordenação espacial, podendo inclusive ser uma contrariedade ao processo de mobilidade urbana, a operacionalização de *"food trucks"*, *"food bikes"* e *"food carts"* exerce um papel importante na cadeia estrutural, econômica e social das cidades.

Nesse mister, segundo Ryzia Cardoso, Sandra Santos e Edleuza Silva (2009, p. 1217):

> Paralelamente, considerando o grande número de consumidores urbanos que contam com a comida de rua como parte da sua refeição diária e tendo em vista a natureza perecível de muitos alimentos, além do fato destes se encontrarem em um estado pronto para consumo, sem que o usuário utilize qualquer tratamento que sirva para reduzir os níveis de contaminação, torna-se imperativo o controle pelos órgãos oficiais para proteger a saúde coletiva.

Por conseguinte, é válido ressaltar que a ausência de planejamento efetivo para a prática dessa atividade pelas urbes resulta em graves problemas para o desenvolvimento consolidado na Carta Mundial pelo direito à Cidade (FÓRUM SOCIAL MUNDIAL POLICÊNTRICO, 2006), que estabeleceu compromissos e medidas a serem assumidos pela sociedade civil, pelos governos locais e nacionais, parlamentares e pelos organismos internacionais a fim de que todas as pessoas vivam com dignidade, a partir dos princípios da solidariedade, liberdade, igualdade, e justiça social, fundamentado no respeito às diferenças culturais urbanas.

Isto posto, é possível tecer que a instalação de *"food trucks"*, *"food bikes"* e *"food carts"* é um mecanismo de promoção da função social da cidade, tendo em vista as disposições do próprio Estatuto da Cidade (BRASIL, 2001), do Plano Diretor dos Municípios e também da Carta Mundial pelo direito à Cidade (FÓRUM SOCIAL MUNDIAL POLICÊNTRICO, 2006), haja vista que é um segmento comercial de desenvolvimento econômico, artístico, comunitário, bem como integra os princípios constitucionais dispostos como supremos.

Desse modo, percebe-se que o direito à cidade como mecanismo de promoção de direitos fundamentais não pode ser construído e consolidado enquanto existirem espaços privados e públicos que não promovam a função social da cidade. Isso significa dizer que a existência de espaços urbanos vazios, podem ser compreendidos como espaços localizados dentro do território da cidade as quais estão em desuso ou áreas edificadas em estado de abandono, constituem um retrocesso ao desenvolvimento das cidades e consequentemente a sua desfuncionalização, conforme se verifica no seguinte excerto:

> O direito à cidade não poder ser construído ou afirmado se houver espaços privados que não exerçam função social. Em outras palavras, os chamados espaços urbanos vazios, que podem ser compreendidos como áreas localizadas dentro do território da cidade e que já têm em seu entorno uma composição de serviços e equipamentos públicos que lhes dão capacidade de incluir socialmente as pessoas que estão à margem do entorno urbano. Em sua maioria são imóveis urbanos pertencentes a alguém, mas que estão em desacordo ao uso social da propriedade privada consagrado na CRFB de 1988 e em leis infraconstitucionais de ordenamento e desenvolvimento urbano, a saber, Estatuto da Cidade e planos diretores. Por não cumprirem a função social são áreas ociosas ou subutilizadas ou ainda superutilizadas e que

mereceriam destinação tal qual prescrevem as normas de direito urbanístico (MASTRODI e SILVEIRA, 2016, p. 17).

Destarte, Andréa Borde (2003, p. 4) conceitua espaços urbanos vazios como sendo: "terrenos localizados em áreas providas de infraestrutura que não realizam plenamente a sua função social e econômica, seja porque estão ocupados por uma estrutura sem uso ou atividade, seja porque estão de fato desocupados, vazios".

Por conseguinte, é de bom alvitre enaltecer que a regularização acerca da instalação de *"food trucks"*, *"food bikes"* e *"food carts"* como meio de promoção à função social da cidade pode se dar através de operações urbanas consorciadas, que de acordo com o Estatuto da Cidade (BRASIL, 2001), é definido como sendo:

> Art. 32. Lei municipal específica, baseada no plano diretor, poderá delimitar área para aplicação de operações consorciadas.
>
> §1° Considera-se operação urbana consorciada o conjunto de intervenções e medidas coordenadas pelo Poder Público municipal, com a participação dos proprietários, moradores, usuários permanentes e investidores privados, com o objetivo de alcançar em uma área transformações urbanísticas estruturais, melhorias sociais e a valorização ambiental.

Destarte, pode-se dizer que as atividades de comercialização de alimentos sobre rodas em espaços urbanos vazios, nas modalidades de *"food trucks"*, *"food bikes"* e *"food carts"*, são instrumentos capazes de promover a efetivação da função social da cidade e da propriedade urbana, haja vista que se caracterizam pela promoção de áreas de convívio social, melhoramento da infraestrutura da urbe, incentivo a economia, bem como, o aumento no grau de satisfação dos citadinos.

Então, elucidando de forma pormenorizada de qual maneira os *"food trucks"*, *"food bikes"* e *"food carts"* contribuem para a funcionalização da cidade em seu aspecto social, é pertinente frisar que esse segmento promove a preservação cultural da *urbe,* ao tempo em que viabiliza a convivência social, visto que alguns *"street foods"* comercializam comidas típicas da localidade. Além disso, é imperioso destacar que esses instrumentos contribuem para a promoção do princípio constitucional da dignidade da pessoa humana ao proporcionar espaços de lazer, mobilidade urbana e acessibilidade a alimentos que atendam as normas de higienização e que sejam apetitosos, não necessitando, portanto, de grandes deslocamentos para desfrutar de uma alimentação convidativa. Outra contribuição social proporcionada à cidade é a promoção da isonomia de condições para os agentes públicos e privados na instituição de empreendimentos que melhorem a urbanização.

Ademais, no que concerne a contribuição desses instrumentos à funcionalização da cidade, no aspecto econômico pode-se dizer que esse segmento atrai investidores para a *urbe*, bem como promove a circulação de capital com o fornecimento de empregos que fomentam a economia. Além de trazer aos cofres dos Municípios receitas públicas que podem ser utilizadas no desenvolvimento da cidade. Hoje, alguns Municípios instituem o TPU -Termo de Permissão de Uso como ferramenta de legalização de *"food parks"* e congêneres, o que acaba gerando receita para o Município e consequentemente contribui para o desenvolvimento econômico. Ainda, é imprescindível expor que a operacionalização de *"food trucks"*, *"food bikes"* e *"food carts"* são instrumentos efetivos de promoção à função social da cidade, pois incentiva a adequação dos instrumentos de política econômica, tributária e financeira dos gastos públicos de modo a privilegiar o bem-estar e a fruição dos bens pelos diferentes segmentos sociais.

Outra contribuição dos *"food trucks"*, *"food bikes"* e *"food carts"* à funcionalização da cidade é visualizada na perspectiva da ordenação do espaço urbano, tendo em vista que a utilização adequada desses instrumentos possibilitam o embelezamento da cidade, estimulam a utilização de espaços urbanos vazios, contribuem para o tratamento prioritário às obras de infraestrutura de energia, abastecimento de água e saneamento, bem como evitam a utilização inadequada e a retenção especulativa de imóveis urbanos.

Soma-se a isso a contribuição dos *"food parks"* e congêneres à funcionalização da cidade em seu aspecto ambiental, tendo em vista que a sua simples operacionalização incentiva a adoção de padrões de produção e consumo compatíveis com os limites da sustentabilidade ambiental, social e econômica do Município, reduzindo a poluição e a degradação ambiental.

Enfim, é imperioso concluir que *"food trucks"*, *"food bikes"* e *"food carts"* são meios de promoção à função social da cidade nos aspectos culturais, econômicos, espaciais e ambientais, tendo em vista que concretizam as diretrizes gerais da política de desenvolvimento urbano. Ao passo que, é de importância fundamental a visibilidade dos *"food parks"* e congêneres pelos aplicadores do direito a fim de efetivar e garantir o direito das cidades.

Conclusão

No trajeto percorrido até aqui, as reflexões desenvolvidas apontam para uma série de conclusões, que, em seu conjunto, definem de que forma os instrumentos jurídicos de planejamento da ocupação urbana podem garantir a efetivação da função social da cidade. Uma delas é a instalação de *"food trucks"*, *"food bikes"* e *"food carts"* em espaços urbanos públicos vazios, bem como a sua regularização federativa.

Ademais, outra conclusão é de que cada estrutura urbana possui suas próprias peculiaridades que resultam na formação da *urbe* como um todo e que a convivência harmônica com o desenvolvimento sustentável entre o bem-estar dos citadinos e crescimento da cidade, constitui a concretização da função social da cidade.

Diante disso, é plausível colacionar que o Estatuto da Cidade - Lei n° 10.257 estabeleceu diretrizes gerais para a política urbana, para a administração das cidades e buscou transformar as cidades em modelos sustentáveis de convivência, ou seja, passível de conceder aos citadinos condições adequadas de moradia, lazer, pautando-se no princípio constitucional da dignidade da pessoa humana, com acesso aos bens imprescindíveis ao bem estar como o saneamento básico, o transporte, a educação, a cultura. Diante disso é que o Estatuto limita, por meio de seus instrumentos urbanísticos, a liberalidade do uso e ocupação do solo do espaço urbano impondo-lhes limitações ao uso da propriedade pública e urbana.

Outrossim, o Plano Diretor dos Municípios está disposto como sendo o instrumento basilar de promoção dos objetivos consignados pelo Poder Público. Sendo, hoje, portanto, inócuo se pensar em desenvolvimento das cidades se não se pensar no instrumento de planejamento prévio que conduza à concretização dos objetivos assinalados. Por isso é tão importante estudar o direito das cidades, pois o seu desenvolvimento influi diretamente no desenvolvimento do espaço a qual se insere os cidadãos, promovendo satisfação ou insatisfação da população da cidade.

Entrementes, verifica-se a carência de estudos acerca do papel social, cultural e econômico desempenhado pela operacionalização de *"food trucks"*, *"food bikes"* e *"food carts"* tanto nas praças e logradouros públicos quanto nos espaços privados denominados de *"food park"*, bem como o fomento de discussões acerca da lacuna jurídica existente.

Ademais, cite-se como outras soluções para a efetivação da função social da cidade a construção de parques de *"food trucks"* e o aperfeiçoamento dos pontos de venda já existentes, compreendendo um melhoramento do entorno, no que tange ao acesso, a iluminação, a infraestrutura e a promoção de recreação.

Nesse sentido, é indubitável expor que o Plano Diretor Municipal desempenha uma tarefa fundamental na promoção da função social da cidade, haja vista que a complexa regulação do comércio de rua sobre rodas deve ser superada.

Assim, exsurge claro e insofismável que a venda de comida de rua sobre rodas é um fenômeno de magnitude social, nutricional, econômica, bem como sanitária e que deve ser visualizado de forma heterogênea, haja vista que ao passo que a inexistência de regulamentação resulte em óbice à ordenação espacial, a operacionalização de *"food trucks"*, *"food bikes"* e *"food carts"* corrobora com o cumprimento das diretrizes gerais que objetivam promover a função social da cidade.

Por fim, conclui-se que *"food trucks"*, *"food bikes"* e *"food carts"* são instrumentos de promoção da função social da cidade que integra os princípios constitucionais da dignidade da pessoa humana, do livre comércio e da Política Urbana, tendo em vista que estão em consonância com as disposições contidas no Estatuto da Cidade - Lei nº 10.257, no Plano Diretor dos Municípios e também da Carta Mundial pelo direito à Cidade.

Referências Bibliográficas

BORDE, Andréa de Lacerda Pessoa. Percorrendo os vazios urbanos. In: Simpósio Perspectivas da forma urbanística no século XXI. Cadernos de resumos. Florianópolis, 2003.

BRASIL. Constituição (1988). Constituição da República Federativa do Brasil de 1988. Promulgada em 5 de outubro de 1988. Disponível em: <http://www.planalto.gov.br/ccivil_03/constituicao/constituicao

compilado.htm>. Acesso em: 04 de março de 2018.

BRASIL. Lei n° 10.257, de 10 de julho de 2001. Estatuto da Cidade. Regulamenta os arts. 182 e 183 da Constituição Federal, estabelece diretrizes gerais da política urbana e dá outras providências. Diário Oficial [da] República Federativa do Brasil, Brasília, DF, 11 julho. 2001 e retificado em 17.7.2001. Disponível em: <http://www.planalto.gov.br/Ccivil_03/leis/LEIS_2001/L10257. htm>. Acesso em: 04 de abril de 2018.

CARDOSO, Ryzia de Cassia Vieira; SANTOS, Sandra Maria Chaves dos; SILVA, Edleuza Oliveira. Comida de rua e intervenção: estratégias e propostas para o mundo em desenvolvimento. Ciênc. saúde coletiva, Rio de Janeiro , v. 14, n. 4, p. 1215-1224, Agosto, 2009. Disponível em: <http://www.scielo.br/scielo.php?script=sci_arttext&pid=S1413-81232009000400027&lng=en&nrm=iso>. Acesso em: 30 de abril de 2018.

DUTRA, Rogéria Campos de Almeida. Comida de Rua: estilo alimentar, temporalidade e sociabilidade nas ruas da cidade. In: Encontro Anal da Associação Nacional de Pós-Graduação e Pesquisa em Ciências Sociais, 36., 2012. Águas de Lindóia, Anais... São Paulo: 2012.

FÓRUM SOCIAL MUNDIAL POLICÊNTRICO. Carta Mundial pelo Direito à Cidade. Publicado em: 12/06/2006. Documento produzido a partir do Fórum Social Mundial Policêntrico de 2006. Disponível em: <http://www.polis.org.br/uploads/709/709.pdf>. Acesso em: 18 de março de 2018.

FROMMER, Robert et al. Streets of Dreams: How Cities Can Create Economic Opportunity by Knocking Down Protectionist Barriers to Street Vending. Julho, 2011. Disponível em: <http://www.ij.org/images/pdf_folder/economic_liberty/atl_vending/streetsofdreams_webfinal.pdf>. Acesso em: 01 jun. 2016.

GASTAL, Susana; PERTILE, Krisciê. As Comidas de Rua entre fixos e fluxos. Seminário da Associação Nacional Pesquisa e Pós-Graduação em Turismo, 10., 2013. Universidade de Caxias do Sul, Anais... Caxias do Sul: UCS, 2013.

LEAL, Cristian Oliveira Benevides Sanches; TEIXEIRA, Carmen

Fontes. Comida de rua: um estudo crítico e multirreferencial em Salvador, BA – Brasil. Vigilância Sanitária em Debate: Sociedade, Ciência e Tecnologia, [S.l.], v. 2, n. 4, p. 12-22, nov. 2014. ISSN 2317-269X. Disponível em: <https://visaemdebate.incqs.fiocruz.br/index.php/visaemdebate/article/view/410/161>. Acesso em: 30 de abril de 2018.

LÉFÈBVRE, Henri. A vida cotidiana do mundo moderno. São Paulo: Ática, 1991.

MASTRODI, Josué; SILVEIRA Zaccara, Suzana Maria Loureiro. Sobre a promoção do direito à moradia: um estudo à luz da política urbana do município de Campinas / On the promotion of the right to housing: a study based upon urban policies. Revista de Direito da Cidade, [S.l.], v. 8, n. 1, p. 1-28, fev. 2016. ISSN 2317-7721. Disponível em: <http://www.e-publicacoes.uerj.br/index.php/rdc/article/view/18518>. Acesso em: 15 março de 2018.

PAMPLONA, João Batista. Mercado de trabalho, informalidade e comércio ambulante em São Paulo. Rev. bras. estud. popul., São Paulo , v. 30, n. 1, p. 225-249, Junho 2013. Disponível em: <http://www.scielo.br/scielo.php?script=sci_arttext&pid=S0102-30982013000100011&lng=en&nrm=iso>. Acesso em 30 de abril de 2018.

SEBRAE NACIONAL. Como montar um food truck. 28 ago. 2016. Disponível em: <http://www.sebrae.com.br/sites/PortalSebrae/ideias/como-montar-um-food-truck,8aea5c669e2df410VgnVCM1000004c00210aRCRD>. Acesso em: 16 de abril de 2018.

SILVA, Gabriela de L.; LIMA, Luana F.; LOURENÇO, Nelson S. Food Truck na Cidade de São Paulo e a Influência do Perfil do Consumidor em sua Longevidade: Aspectos Socioculturais. REFAS – Revista FATEC Zona Sul, 2015, p. 01-20. Disponível em: <http://www.revistarefas.com.br/index.php/RevFATECZS/article/view/31/60>. Acesso em 30 de abril de 2018.

WORLD HEALTH ORGANIZATION. DIVISION OF FOOD AND NUTRITION (OMS). Essential safety requirements for street-vended foods. (Revised edition). 1996. Disponível em: <

http://www.who.int/fsf/96-7.pdf>. Acesso em: 25 de abril de 2018.

A DISCREPÂNCIA PRESCRICIONAL NA INDENIZAÇÃO DO DANO PESSOAL SOB UMA PERSPECTIVA CIVIL-CONSTITUCIONAL GARANTISTA

NAARA LÍGIA MARIA NEVES DOS SANTOS
LUCAS CAVALCANTE GONDIM
LETÍCIA MATOS VIANA
FRANCISCO JOSÉ GARCIA FIGUEIREDO

Introdução

No âmbito da relação de trabalho, o contrato firmado entre empregado e empregador gera várias repercussões no mundo jurídico, constituindo, assim, direito e deveres para ambas as partes. Quando ocorre um evento não pretendido por nenhuma delas, mas cujo risco o tomador de serviço assumiu por força de dispositivos legais decorrentes de teorias jurídico-sociais, surge para ele – empregador – uma responsabilização por tal fato, no intuito de proteger a dignidade humana daquele que terá sua mão de obra explorada sistematicamente.

A atividade desenvolvida no meio de trabalho pode, portanto, acarretar uma avaria temporária ou permanente no indivíduo, tanto em seu patrimônio como em sua saúde físico-psíquica, a depender logicamente do grau e da natureza jurídica do dano experimentado. A constatação desta última é tão relevante, que, a partir dela, estabelece-se o lapso temporal para a reclamação judicial a favor de um direito violado.

Nesse cenário, ergue-se a discussão sobre a natureza jurídica do dano pessoal para fins de determinação do tempo dado por lei ao empregado que deseja ajuizar ação de indenização pelo referido dano, já que se sentiu prejudicado, humilhado etc. Acontece que a ausência de disposição específica que permita subsumir o fato atestado no caso concreto à norma promove um dissenso na doutrina e na jurisprudência pátrias.

Ainda que o movimento vanguardista na Justiça Trabalhista

avance paulatinamente, é importante que se preze pela interpretação principiológica de alguns institutos – no caso, à luz do princípio da norma mais favorável –, a fim de se buscar o cumprimento, cada vez mais, amplo e eficiente do que manda os direitos e as garantias estampados no Texto Constitucional.

A natureza jurídica do dano sofrido pelo empregado: classificação do dano

A responsabilidade civil decorre da prática de um ato humano ilícito ensejador do dever de reparar o dano sofrido, conforme o art. 186 do Código Civil Brasileiro. Para a sua incidência, seja sob a forma subjetiva – cujos componentes são o dolo ou a culpa – seja sob o regime da responsabilidade objetiva – embasada na Teoria do Risco, conforme o art. 927, parágrafo único, do Código Civil –, é necessário o comportamento humano voluntário e a existência efetiva de um dano[1].

Diversas são as classificações existentes para os danos: podem ser materiais ou pessoais, patrimoniais ou extrapatrimoniais, diretos ou indiretos, entre outros. Quanto à primeira dessas distinções, para grande parte da doutrina, basta a distinção entre dano material e dano moral, não utilizando a terminologia "pessoal". Com a devida vênia, entende-se por mais preciso e razoável a concepção adotada por Fábio Ulhoa Coelho[2] e por Paulo Eduardo Vieira de Oliveira[3], que compreendem o dano moral como uma espécie de dano pessoal.

Em apertada síntese, "os danos materiais atingem bens, enquanto os pessoais matam ou comprometem a integridade física ou moral de homens e mulheres"[4]. Os danos pessoais são aflições ao conjunto de direitos da personalidade da vítima e podem configurar ofensas à integridade física, intelectual, moral e social[5].

---

[1] GAGLIANO; PAMPLONA. **Novo curso de direito civil**. v. 1. 19. ed. São Paulo: Saraiva, 2017, p. 524-526.

[2] COELHO, Fábio Ulhoa. **Curso de direito civil**. v. 2. 3. ed. São Paulo: Saraiva, 2009, p. 286.

[3] OLIVEIRA, Paulo Eduardo Vieira de. **O dano pessoal no Direito do Trabalho**. Revista do TRT da 15ª Região, n. 18, mar. 2002. p. 131-161.

[4] COELHO, Fábio Ulhoa. **Curso de direito civil**. v. 2. 3. ed. São Paulo: Saraiva, 2009, p. 287.

Nesse sentido, os danos moral e estético, trazidos e resguardados pelo art. 5º, inciso V constitucional, seriam uma espécie de dano pessoal.

A Lei Maior de 1988 põe em superfície, em diversos momentos, o apreço pela proteção aos componentes fundamentais da dignidade humana, os quais, nas suas diversas facetas, garantem o gozo integral do direito à vida, elencado de modo privilegiado, no *caput* do art. 5º. Em outros dispositivos, tal proteção encontra ressonância no art. 1º, inciso III, colocando a dignidade da pessoa humana enquanto fundamento da República Brasileira; no art. 3º, inciso I, ao eleger, como objetivo da República, a construção de uma sociedade livre, justa e solidária; e no art. 5º, V e X, que reconhecem a existência dos danos eminentemente pessoais e o dever de repará-los, além da inviolabilidade da vida, da honra e da imagem humanas.

O acidente de trabalho, ocorrido na relação de emprego, deve ser, para o empregado, classificado enquanto um dano *pessoal*, e não material. Primeiramente, ensejará pretensão reparatória por ter-se violado o direito fundamental do trabalhador à sua integridade física, podendo ser extinta apenas pela prescrição (art. 189, Código Civil). Em segundo lugar, observado dolo, culpa ou assunção do risco pelo empregador, oportunizará ato ilícito deste último, nos termos dos artigos 186 e 927 do estatuto civilista, se não incidirem, no caso concreto, as hipóteses de exclusão da responsabilidade do empregador.

Para o empregado, aduzem dois resultados que dimensionam o dano sofrido e permitem classificá-lo como um dano pessoal: a) o próprio constrangimento e a dor sofridos durante e após o acidente de trabalho, além dos prejuízos ao bem-estar físico e relacional do acidentado (o que seria, em sentido estrito, um dano à pessoa); b) as consequências, temporárias ou permanentes, daquele acidente para sua capacidade laborativa e relacional (aqui, um dano à pessoa com consequências econômicas mensuráveis).

De um mesmo acidente de trabalho, portanto, é possível decorrer, para o trabalhador, espécies distintas de dano. Caso sejam considerados, por exemplo, bens próprios do trabalhador

---

[5] OLIVEIRA, Paulo Eduardo Vieira de. **O dano pessoal no Direito do Trabalho**. Revista do TRT da 15ª Região, n. 18, mar. 2002. p. 131-161.

danificados em determinado episódio, está-se diante de um dano exclusivamente material e patrimonial, por violar bens econômicos e por diminuir o patrimônio do acidentado. Por outro aspecto, o dano à integridade física e moral e o perecimento do gozo integral do direito à vida situam-se na seara dos danos pessoais e extrapatrimoniais. Já as repercussões do acidente na capacidade laborativa ulterior do empregado são danos de natureza pessoal, bem como patrimonial.

A responsabilidade do empregador decorrente do dano pessoal

Na perspectiva civil-constitucional, qualquer violação ou ameaça de violação a direito fundamental enseja responsabilização daquele que praticou a conduta danosa, ou seja, manifesta-se o instituto da responsabilidade civil, disciplinada, essencialmente, no artigo 927 do Novo Código Civil: "Aquele que, por ato ilícito (arts. 186 e 187), causar dano a outrem, fica obrigado a repará-lo".

Ao tratar da responsabilidade dentro da relação de emprego, remonta-se à Teoria do Risco, surgida no fim do século XIX, visando a embasar a responsabilidade objetiva do empregador, de maneira que se doutrinava que todas as perdas, prejuízos e danos causados pela atividade empresarial corriam pelo dono do empreendimento[6], concepção essa firmada no Direito Brasileiro, por força do art. 2º da Consolidação das Leis do Trabalho (CLT), *ipsis litteris*: Art. 2º "Considera-se empregador a empresa, individual ou coletiva, que, assumindo os riscos da atividade econômica, admite, assalaria e dirige a prestação pessoal de serviço".

Extrai-se do dispositivo em comento que, em regra, a responsabilidade empresarial é objetiva, ou seja, independentemente de culpa ou de dolo do empregador, bastando apenas a comprovação da ação, do dano e do nexo causal entre eles. No mesmo sentido, referindo-se às atividades de risco, assevera o parágrafo único do artigo 927 do Novo Código Civil:

---

[6] WOLKOFF, Alexander Porto Marinho. **A Teoria do Risco e a Responsabilidade Civil Objetiva do Empreendedor**. Disponível em: < http://www.tjrj.jus.br/c/document_library/get_file?uuid=ae2e5cc8-fa16-4af2-a11f-c79a97cc881d>.

"Haverá obrigação de reparar o dano, independentemente de culpa, nos casos especificados em lei, ou quando a atividade normalmente desenvolvida pelo autor do dano implicar, por sua natureza, risco para os direitos de outrem".

Todos esses dispositivos justificam a pretensão garantista perante a dignidade da pessoa humana a qual o legislador constituinte almejou, ao criar o *caput* do artigo 7º da Constituição: "São direitos dos trabalhadores urbanos e rurais, além de outros que visem à melhoria de sua condição social". Essa segunda parte aumenta o alcance do inciso XXVIII do mesmo artigo, que garante aos trabalhadores: "seguro contra acidentes de trabalho, a cargo do empregador, sem excluir a indenização a que este está obrigado, quando incorrer em dolo ou culpa".

Por força da segunda parte do *caput* do artigo 7º, que condiz com o princípio da norma mais favorável, norteador do Direito do Trabalho, entende-se que a responsabilidade subjetiva do empregador, trazida pelo inciso XXVIII, só se manifesta quando não houver, no ordenamento jurídico brasileiro, dispositivo que disponha mais favoralmente ao empregado. Essa conjuntura ensejou a criação da Lei n. 8.213/91, que regula os benefícios previdenciários. Assim, os órgãos previdenciários sempre terão responsabilidade objetiva, sendo-lhes permitida ação de regresso contra o empregador, consoante o art. 120 da Lei, e restando, nesse caso, a responsabilidade subjetiva ao empregador.

Em se tratando de assédio moral, cuja conceituação requer a ofensa reiterada, a responsabilidade pode ser tanto objetiva como subjetiva, como ocorre quando o empregador é o praticante do assédio, por exemplo. Partindo da ideia do risco do empreendimento, quando o assédio ocorre entre empregados, o empregador responde objetivamente, tendo direito à ação de regresso contra o assediador, como comprova alguns julgados do Tribunal Superior do Trabalho (TST), a exemplo do Agravo de Instrumento em Recurso de Revista n° 106700-90.2009.5.20.0005[7].

---

[7] BRASIL. TST. AGRAVO DE INSTRUMENTO. RECURSO DE REVISTA. RECONVENÇÃO. CONDENAÇÃO DO RECLAMANTE. AFRONTA AO PRINCÍPIO DO CONTRADITÓRIO E DA AMPLA DEFESA. NÃO CONFIGURAÇÃO. 1. Não configura afronta ao princípio do contraditório e da ampla defesa decisão regional que mantém sentença que condena o Reclamante, em reconvenção, a indenizar a Reclamada, com arrimo na responsabilidade do

É fato que, entre as várias esferas do dano pessoal, os danos extrapatrimoniais são claramente subjetivos, ao contrário dos patrimoniais, cuja análise é objetiva. Com esse raciocínio, para que se possa responsabilizar o tomador de serviço por dano material, moral e/ou estético, é necessária a comprovação dos elementos dolo e culpa, através de qualquer meio de prova admitido em direito: testemunhal, laudo médico e/ou psicológico, notas fiscais de remédios, entre outros.

Dessa forma, tem-se a observância do que determina o inciso V do artigo 5º constitucional: "é assegurado o direito de resposta, proporcional ao agravo, além da indenização por dano material, moral ou a imagem", bem como o inciso X do mesmo artigo: "são invioláveis, a intimidade, a vida privada, a honra e a imagem das pessoas, assegurado o direito a indenização pelo dano material ou moral decorrente de sua violação".

O paradigma do prazo prescricional da pretensão indenizatória do empregado por dano pessoal

Consoante Agnelo Amorim[8], violado o direito, nasce a pretensão contra o sujeito passivo, ou seja, a capacidade de exigir materialmente o cumprimento de um direito subjetivo. Isso significa que todo cidadão, no momento em que tiver um direito seu desguarnecido, pode reclamar tal violação em juízo, por meio de uma ação.

Apesar dessa proteção jurídica, em cumprimento à máxima latina *dormientibus non succurit jus* – o Direito não socorre aos que dormem –, tal garantia não pode durar *ad infinitum*. Assim, criou-se

---

empregado em face do empregador (art. 934 do Código Civil), pois decorre de imposição legal. 2. Dessa forma, não viola o art. 5º, LV, da Constituição Federal, quando comprovado, em juízo, que o empregado cometeu ato ilícito que culminou com a condenação da Reclamada ao pagamento de indenização por dano moral. 3. Agravo de instrumento do Reclamante de que se conhece e a que se nega provimento. RR nº 106700-90.2009.5.20.0005, Relator(a): Min. JOÃO ORESTE DALAZEN, julgado em: 06.04.2016, 4ª turma, publicado em: DEJT 29.04.2016.

[8] AMORIM FILHO, Agnelo. **Critério científico para distinguir a prescrição da decadência e para identificar as ações imprescritíveis.** Disponível em: <http://www.direitocontemporaneo.com/wp-content/uploads/2014/02/prescricao-agnelo1.pdf>. Acesso em: 01 ago. 2018.

o instituto da prescrição, que denota a perda da pretensão e se aplica a todos os ramos do Direito. A esfera trabalhista, portanto, não ficou de fora, protagonizando, inclusive, certo desacordo jurisprudencial acerca do prazo prescricional aplicável à pretensão acidentária.

O prazo geral para a prescrição civil é de dez anos, devendo ele ser adotado quando a lei específica não houver designado prazo menor (*vide* art. 205, Código Civil). No tocante à reparação por danos pessoais e materiais, o Código instituiu o prazo específico de três anos para a prescrição da "pretensão de reparação civil" (art. 206, §3º, V do Código Civil). Vigorosa doutrina – aqui inseridos Cezar Peluso[9] e Maria Helena Diniz[10] – compreende que este prazo se aplica tanto às reparações de natureza patrimonial quanto moral, abrangendo, assim, toda espécie de dano pessoal.

O Direito brasileiro, porém, excepciona circunstâncias específicas a essa regra geral. Para o Código de Defesa do Consumidor, art. 27, "prescreve em cinco anos a pretensão à reparação pelos danos causados por fato do produto ou do serviço (...)". A jurisprudência dá ressonância à referida disposição, afastando, diversas vezes, a aplicação do Código Civil, quando se constata dano em meio à relação consumerista.

Similarmente ocorre com o Direito do Trabalho. A Emenda Constitucional nº 45/2004 acresceu o inciso XXIX ao art. 7º constitucional: "ação, quanto aos créditos resultantes das relações de trabalho, com prazo prescricional de cinco anos para os trabalhadores urbanos e rurais, até o limite de dois anos após a extinção do contrato de trabalho". A Lei nº 13.467/2017 – Reforma Trabalhista – inseriu, por sua vez, disposição análoga na Consolidação das Leis do Trabalho (CLT), com o seguinte teor: "a pretensão quanto a créditos resultantes das relações de trabalho prescreve em cinco anos para os trabalhadores urbanos e rurais, até o limite de dois anos após a extinção do contrato de trabalho" (art. 11). Seguindo-se, todavia, o brocardo hermenêutico *lex specialis derrogat generali*, deve-se aduzir que o estatuto da reparação civil não

---

[9] PELUSO, Cezar. **Código civil comentado**. 11ª ed. rev. e atual. São Paulo: Manole, 2017

[10] DINIZ, Maria Helena. **Código civil anotado**. 17. ed. São Paulo: Imprenta, 2014.

é absoluto. O Código Civil não detém supremacia sobre outros microssistemas, que prelecionam prazos distintos para um dano pessoal ocorrido em um contexto de vulnerabilidade diferente, ao qual apetece a proteção legal. Esse entendimento foi adotado pelo Conselho da Justiça Federal, através do Enunciado n° 420 da I Jornada de Direito Civil[11].

Para o caso específico da reparação civil decorrente de acidente de trabalho, legiferam concorrentemente o legislador civilista e o constitucional, sendo este último ecoado pelo consolidador trabalhista. Para solucionar os conflitos normativos entre tais diplomas, a hermenêutica constitucional disponibiliza dois princípios: o da supremacia da Constituição e o da norma mais favorável.

Em decorrência da supremacia da Constituição, as suas disposições afastam a legislação infraconstitucional que lhe seja contrária. Entretanto, para o cerne da questão aqui suscitada, é de maior importância a análise do princípio da norma mais favorável, em face da parte final do *caput* do art. 7° constitucional, a qual resguarda quaisquer normas de direitos sociais que sejam mais favoráveis ao trabalhador que o próprio texto originário da Constituição. A combinação de ambos os princípios leva à adoção do prazo quinquenal (art. 7°, XXIX, CF), em detrimento daquele trienal estipulado pelo Código Civil (art. 206, §3°, V), infraconstitucional.

No entanto, como já exposto, se houver norma que disponha mais favoravelmente ao trabalhador que a Constituição, ela deverá prevalecer. Então, analisa-se o conteúdo do *caput* do art. 205 do Código Civil: "A prescrição ocorre em dez anos, quando a lei não lhe haja fixado prazo menor.". Ora, o Código Civil é a lei apropriada para tratar da reparação civil, fixando o prazo geral de dez anos, admitindo derrogações para certas especificidades. Contudo, depara-se com um quadro de reparação de acidente de trabalho, informada pelo princípio da norma mais favorável, por compor o rol de direitos dos trabalhadores (art. 7°).

---

[11] "Enunciado n° 420 - Não se aplica o art. 206, § 3°, V, do Código Civil às pretensões indenizatórias decorrentes de acidente de trabalho, após a vigência da Emenda Constitucional n. 45, incidindo a regra do art. 7°, XXIX, da Constituição da República."

Uma interpretação do art. 205 à luz da Constituição, tendo em vista a prescrição acidentária decorrente da relação de emprego, faz necessária a dispensa da parte final deste artigo, a qual permite a redução do prazo, o que seria mais prejudicial ao trabalhador. Resta, dessarte, apenas a parte inicial do dispositivo, a qual traz o prazo prescricional geral de dez anos, cuja aplicação deve ser a pretendida, em virtude de ser mais favorável ao trabalhador que aquela determinada pelo art. 7°, XXIX da Constituição.

O entendimento e a aplicação da prescrição indenizatória por dano pessoal nos tribunais trabalhistas

Quanto ao início da contagem do prazo, o Supremo Tribunal Federal (STF) e o Superior Tribunal de Justiça (STJ) apresentam entendimentos semelhantes, expressos, respectivamente, na Súmula 230: "A prescrição da ação de acidente do trabalho conta-se do exame pericial que comprovar a enfermidade ou verificar a natureza da incapacidade", e na Súmula 278: "O termo inicial do prazo prescricional, na ação de indenização, é a data em que o segurado teve ciência inequívoca da incapacidade laboral". Compreende-se, então, que é imprescindível a certeza do dano, por parte do empregador.

A divergência em relação à prescrição se origina na definição da natureza jurídica do evento sobre o qual se deseja uma indenização, uma vez que as regras prescricionais surgem paralelamente às que moldam juridicamente um fato. Por considerar o dano pessoal decorrente da relação de emprego como um direito trabalhista, a majoritária parte dos Tribunais Regionais do país se atrela ao prazo prescricional delimitado pelo inciso XXIX, art.7°, CF/88: "ação, quanto aos créditos resultantes das relações de trabalho, com prazo prescricional de cinco anos para os trabalhadores urbanos e rurais, até o limite de dois anos após a extinção do contrato de trabalho".

O referido dispositivo adveio da Emenda Constitucional n°45/2004, que procurou sanar, por intermédio do direito intertemporal, o paradigma referente ao prazo prescricional a se aplicar, esclarecendo que, para os eventos antes da vigência do Novo Código Civil, ou seja, antes de 11 de março de 2003, aplica-se o prazo de vinte anos, correspondente ao trazido pelo Código anterior. Sendo o fato ocorrido após essa data, o prazo constitucional de cinco anos.

Esse é o encaminhamento dado pelo TST às ações indenizatórias dessa natureza. Como exemplo, há o julgamento, pela SBDI-1, do processo n° TST-E-RR-145600-73.2007.5.17.0013, publicado no DEJT em 14/2/14. Por maioria de votos, decidiu-se que, quanto às lesões após a Emenda Constitucional n° 45/2004, que criou a competência da Justiça do Trabalho para processar e para julgar as ações de indenização de danos moral e material decorrentes da relação de trabalho, a prescrição incidente é a prevista no artigo 7°, XXIX, Constituição Federal, pois, segundo a relatora, Kátia Magalhães Arruda, seria indiscutível a natureza trabalhista do fato. Quando verificada a lesão antes da vigência da Emenda, prevaleceria a prescrição civil, ante a controvérsia sobre a natureza do pleito[12].

Mesmo assim, cresce a concepção vanguardista na seara trabalhista, no sentido de que a natureza jurídica do evento, nesse caso, é de direito fundamental desrespeitado, visto que se fala de uma violação ao direito à vida. Nesse viés, caberia aqui, justificadamente, a generalidade do prazo de dez anos trazido pelo art. 205 do Novo Código Civil, já que o legislador constituinte originário não estabeleceu a prescrição cabível à hipótese do art. 5°, X, CF/88: "são invioláveis a intimidade, a vida privada, a honra e a imagem das pessoas, assegurado o direito a indenização pelo dano material ou moral decorrente de sua violação".

O TRT-2 parte do pressuposto de que o prazo prescricional, nos casos de recebimento de indenização por acidente de trabalho ou por moléstia profissional, é o disposto no artigo 205 do Código Civil de 2003 – de 10 anos – ou o de 1916 – de 20 anos –, a depender de cada caso concreto. O embasamento utilizado foi o de que a lesão à integridade física atinge mais o ser humano que a condição de trabalhador[13].

O TRT-4, contrariamente, segue o entendimento do TST e

---

[12] BRASIL. TST. **RR: 7816120115040305**, Relator(a): Min. KÁTIA MAGALHÃES ARRUDA, julgado em: 05.11.2014, 6ª Turma, publicado em: DEJT 07.11.2014.

[13] BRASIL. TRT-2. **RO: 00011222720125020461 SP 00011222720125020461 A28**, Relator: DAVI FURTADO MEIRELLES, julgado em: 02.10.2014, 14° turma, publicado em: 17.10.2014.

aplica o prazo prescricional trabalhista, se o fato ocorreu após a edição da Emenda Constitucional de n°45/2004:

> Entendo, em conformidade com a jurisprudência consolidada no âmbito do TST, que quando o acidente de trabalho ocorrer em período posterior à edição da Emenda Constitucional n° 45/2004, a qual alterou a competência desta Justiça Especializada para processar tal tipo de ação, a prescrição aplicável é a trabalhista, na forma do artigo 7°, XXIX, da Constituição Federal. (**ACÓRDÃO 0000470-37.2011.5.04.0122 RO**).

Por fim, o TRT-15 não incorpora a aplicação do prazo decenal, fundando-se na regra hermenêutica da "lei especial derroga lei geral". O problema dessa percepção está na desconsideração da supremacia constitucional, que preleciona o princípio da norma mais favorável em matéria de direitos sociais dos trabalhadores.

> INDENIZAÇÃO ACIDENTÁRIA - REPARAÇÃO POR DANOS ESTÉTICOS, MATERIAIS E MORAIS DECORRENTES DE ACIDENTE DE TRABALHO OU DOENÇA OCUPACIONAL - PRESCRIÇÃO - APLICABILIDADE À ESPÉCIE DOS PRAZOS PRESCRICIONAIS PREVISTOS NO ARTIGO 7°, INCISO XXIX DA CONSTITUIÇÃO FEDERAL. Às ações que buscam reparação por danos estéticos, materiais e morais decorrentes de acidentes de trabalho ou doença ocupacional aplicam-se os prazos prescricionais trazidos pelo artigo 7°, inciso XXIX da Constituição Federal e não o prazo prescricional geral declinado pelo artigo 205 do Código Civil de 2002, por se traduzir o dispositivo constitucional em norma específica. Recurso Ordinário ao qual se declara a prescrição bienal pela aplicação do artigo 219, § 5° do CPC, extinguindo-se o feito com resolução do mérito nos moldes do artigo 269, IV do mesmo *Codex*.
>
> (...)
>
> Vale dizer, mesmo quando a competência material para apreciar pretensões reparatórias por danos estéticos, materiais e morais decorrentes de acidente de trabalho ou de doença ocupacional era da Justiça Comum Estadual, os prazos prescricionais a serem observados deveriam ser aqueles do artigo 7°, inciso XXIX, da CF/88, por se traduzir em norma específica, e não a regra geral do Código Civil (artigo 205 do CC 2002, primeira parte, referindo a

sentença ao artigo 177 do CC, inaplicável na hipótese).

Com efeito, dispõe o mencionado dispositivo:

Art. 205. A prescrição ocorre em dez anos, quando a lei não lhe haja fixado prazo menor. (sem grifo original). (ACÓRDÃO 1723-2005-012-15-00-7-RO)[14].

Percebe-se, à luz dos julgados acima, o progresso paulatino do posicionamento dos Tribunais Regionais no tocante ao instituto da prescrição, tendo em vista a natureza jurídica do dano pessoal. É notório o equívoco daqueles que se utilizam do princípio da "lei especial derroga lei geral", porque, na realidade, apesar da especificidade que se infere do art. 7º, XXIX, CF/88, a indenização por dano pessoal reitera não um direito trabalhista, mas sim um direito fundamental.

Conclusão

Em razão do aqui priorizado princípio da norma mais favorável, enxerga-se a necessidade de que a jurisprudência pátria curve-se à restauração da natureza jurídica do acidente de trabalho. A supremacia da Constituição Federal é o instrumento veiculador de tal princípio, devendo este prevalecer sobre a regra interpretativa que remonta à regra de que a lei especial derroga a geral.

Nessa perspectiva, ao interpretar o Código Civil vigente, deve-se compreender que o prazo geral prescricional (10 anos) abrange o dano pessoal, ao contrário do inciso XXIX do art. 7º constitucional, de maneira a possibilitar ao trabalhador, aposentado ou não, geralmente incorrido em situação de vulnerabilidade, um maior e mais justo prazo para pleitear a indenização que lhe é devida.

Referências

AMORIM FILHO, Agnelo. Critério científico para distinguir a

---

[14] BRASIL. TRT/SP, 15ª Região. **RO: 1723-2005-012-15-00-7**, Relator(a): Des. LAURIVAL RIBEIRO DA SILVA FILHO, julgado em: 16.09.2009, 4ª turma, publicado em: 24.09.2009, p. 514.

prescrição da decadência e para identificar as ações imprescritíveis. Disponível em: < http://www.direitocontemporaneo.com/wp-content/uploads/2014/02/prescricao-agnelo1.pdf>. Acesso em: 01 ago. 2018.

BRASIL. TRT/SP, 2ª Região. RO: 00011222720125020461 SP 00011222720125020461 A28, Relator: DAVI FURTADO MEIRELLES, julgado em: 02.10.2014, 14° turma, publicado em: 17.10.2014. Disponível em: < https://trt-2.jusbrasil.com.br/jurisprudencia/153323406/recurso-ordinario-ro-11222720125020461-sp-00011222720125020461-a28/inteiro-teor-153323416?ref=juris-tabs>. Acesso em: 4 ago. 2018.

BRASIL. TST. RR: 106700-90.2009.5.20.0005, Relator(a): Min. JOÃO ORESTE DALAZEN, julgado em: 06.04.2016, 4ª turma, publicado em: DEJT 29.04.2016.

BRASIL. TRT/SP, 15ª Região. RO: 1723-2005-012-15-00-7, Relator(a): Des. LAURIVAL RIBEIRO DA SILVA FILHO, julgado em: 16.09.2009, 4ª turma, publicado em: 24.09.2009, p. 514. Disponível em: < https://trt-15.jusbrasil.com.br/jurisprudencia/18952294/recurso-ordinario-ro-60199-sp-060199-2009/inteiro-teor-104210110?ref=juris-tabs>. Acesso em: 04 ago. 2018.

BRASIL. TST. RR: 7816120115040305, Relator(a): Min. KÁTIA MAGALHÃES ARRUDA, julgado em: 05.11.2014, 6ª Turma, publicado em: DEJT 07.11.2014. Disponível em: < https://tst.jusbrasil.com.br/jurisprudencia/150381350/recurso-de-revista-rr-7816120115040305/inteiro-teor-150381368?ref=juris-tabs>. Acesso em: 03 ago. 2018.

COELHO, Fábio Ulhoa. Curso de direito civil. v. 2. 3. ed. São Paulo: Saraiva, 2009.

DINIZ, Maria Helena. Código civil anotado. 17. ed. São Paulo: Imprenta, 2014.

GAGLIANO; PAMPLONA. Novo curso de direito civil. v. 1. 19. ed. São Paulo: Saraiva, 2017.

JUSBRASIL. Tribunal Regional do Trabalho da 15ª Região TRT-15 - Recurso Ordinário : RO 60199 SP 060199/2009 - Inteiro Teor. Disponível em: <https://trt-15.jusbrasil.com.br/jurisprudencia/18952294/recurso-ordinario-ro-60199-sp-060199-2009/inteiro-teor-104210110?ref=juris-tabs>. Acesso em: 03 ago. 2018.

JUSBRASIL. Prescrição Acidentária - Divergências nos Tribunais.

Disponível   em:
<https://informativotrabalhista.jusbrasil.com.br/artigos/18509366
1/prescricao-acidentaria-divergencias-nos-tribunais/amp>. Acesso
em: 03 ago. 2018.
OLIVEIRA, Paulo Eduardo Vieira de. O dano pessoal no Direito
do Trabalho. Revista do TRT da 15ª Região, n. 18, mar. 2002. p.
131-161.
PELUSO, Cezar. Código civil comentado. 11ª ed. rev. e atual. São
Paulo: Manole, 2017.
WOLKOFF, Alexander Porto Marinho. A Teoria do Risco e a
Responsabilidade Civil Objetiva do Empreendedor. Disponível em:
<http://www.tjrj.jus.br/c/document_library/get_file?uuid=ae2e5c
c8-fa16-4af2-a11f-c79a97cc881d>. Acesso em: 31 jul. 2018.

A RESPONSABILIDADE CIVIL MÉDICA EM CASOS DE CIRURGIAS PLÁSTICAS ESTÉTICAS E AS DIVERGÊNCIAS PRESENTES NO ORDENAMENTO JURÍDICO BRASILEIRO

ANNE KELLY BARBOSA DA SILVA
LORENA ALMEIDA DE BRITO

A responsabilidade civil objetiva e a responsabilidade subjetiva

A responsabilidade civil, matéria disposta no título IX do atual Código Civil, apresenta-se enquanto a consequência que advém da violação de uma obrigação, de forma que ela pode ser de forma contratual ou extracontratual. Quando ocorre o descumprimento de uma obrigação já estipulada em contrato, fala-se em responsabilidade civil contratual. Por outro lado, a responsabilidade extracontratual está atrelada a normas que não se restringem ao próprio contrato, mas sim às normas de todo o ordenamento jurídico, assim como se verifica em: "A responsabilidade civil surge em face do descumprimento obrigacional, pela desobediência de uma regra estabelecida em um contrato, ou por deixar determinada pessoa de observar um preceito normativo que regula a vida" (TARTUCE, 2018, p. 515)

Tratar da responsabilidade civil remete ao entendimento da reparação de um dano, ou seja, da obrigação de indenizar, conforme disposto no artigo 927 do Código Civil: "art. 927. Aquele que, por ato ilícito (arts. 186 e 187), causar dano a outrem, fica obrigado a repará-lo.". Para tanto, a responsabilidade civil deve ser composta pela conduta humana, culpa *lato sensu*, nexo de causalidade e o dano ou prejuízo, ou seja, esses são os elementos que compõe a responsabilidade civil, também compreendidos como "pressupostos do dever de indenizar". A conduta humana, elemento subjetivo da responsabilidade civil, é caracterizada pela ação ou omissão do agente, ou seja, caso ele faça ou deixe de fazer algo e assim cause dano a outrem; A culpa *lato sensu* ou dolo encontra-se no art. 186 do Código Civil. Dolo quando caracteriza-se como "ação ou omissão voluntária" e culpa quando a ação é feita com falta de diligência e há negligência ou imprudência; O nexo de causalidade é a relação entre a causa e o feito, ou seja, entre a conduta e o resultado, é elemento imaterial da responsabilidade, que acarreta tanto a responsabilidade subjetiva (culpa) quando a objetiva (conduta).

O dano é o que há de mais essencial para responsabilidade civil, pois sem sua comprovação não há motivos para alguém ser responsabilizado civilmente. Ele pode ser caracterizado como dano moral ou material. Não obstante, a doutrina tem apresentado também outra classificação de dano: o dano estético. Esse tipo de dano é de elevada pertinência, em especial, para o entendimento acerca da responsabilidade civil médica nas cirurgias plásticas estéticas e será matéria analisada posteriormente na presente obra. Contudo, o conceito de dano estético pode ser muito bem compreendido em:

> Tais danos, em regra, estão presentes quando a pessoa sofre feridas, cicatrizes, cortes superficiais ou profundos em sua pele, lesão ou perda de órgãos internos ou externos do corpo, aleijões, amputações, entre outras anomalias que atingem a própria dignidade humana (TARTUCE, 2018. p. 581).

Dentre tais elementos, imprescindível é a observância acerca da culpa, visto que a discussão sobre a necessidade ou não da ocorrência da mesma na conduta humana que compõe a responsabilidade, acarreta na diferença classificatória entre responsabilidade objetiva e responsabilidade subjetiva. É importante salientar que no Direito Civil a culpa abrange tanto a culpa quanto o dolo e que, além disso, a culpa ocorre mediante imprudência, negligência ou imperícia, ou seja, o acontecimento de um desses fatores é marcante para a classificação de uma conduta culposa ou não.

Assim como mencionado, em decorrência do elemento culpa a responsabilidade pode ser subdividida em responsabilidade objetiva ou responsabilidade subjetiva. Classifica-se enquanto responsabilidade objetiva aquela que ocorre mesmo que não haja culpa do agente, e com a qual não cabe nem ao menos uma eventual análise sobre a existência ou não dessa culpa, visto que tal elemento não é suficiente para afastar a responsabilização do agente.

O artigo 927, parágrafo único, Código Civil, dispõe sobre a responsabilidade objetiva ao dizer que: "Haverá obrigação de reparar o dano, independente de culpa, nos casos especificados em lei, ou quando a atividade normalmente desenvolvida pelo autor do dano implicar, por sua natureza, risco para os direitos de outrem."

Por outro lado, existente também a responsabilidade civil subjetiva, a qual tem ocorrência estritamente relacionada com a comprovação de que houve culpa e que se apresenta enquanto a regra no ordenamento jurídico brasileiro, a saber:

> Conforme demonstrado, a responsabilidade subjetiva constitui regra geral em nosso ordenamento jurídico, baseada na teoria da culpa. Dessa forma, para que o agente indenize, ou seja, para que responda civilmente, é necessária a comprovação da sua culpa genérica, que inclui o dolo (intenção de prejudicar) e a culpa em sentido restrito (imprudência, negligência ou imperícia). (TARTUCE, 2018, p. 598-599).

A obrigação de meio e a obrigação de resultado

Entendemos que a obrigação se encontra diretamente relacionada com um dever jurídico, de forma que a conceituação de obrigação encontra-se atrelada às relações jurídicas entre um sujeito que é o credor e outro sujeito, o qual é o devedor. Observa-se também que da obrigação decorre uma prestação a ser cumprida por esses sujeitos. Tal entendimento pode ser corroborado com o entendimento doutrinário, conforme visto em:

> (...) conceitua-se a obrigação como sendo a relação jurídica transitória, existente entre um sujeito ativo, denominado credor, e outro sujeito passivo, o devedor, e cujo objeto consiste em uma prestação situada no âmbito dos direitos pessoais, positiva ou negativa. (TARTUCE, 2018. p. 367).

Dentre essas obrigações, a presente obra se debruça na análise da obrigação de meio e da obrigação de resultado, buscando assim elucidar o entendimento acerca de como a atividade médica nas cirurgias plásticas se enquadra no campo das obrigações. Com isso, destacamos que a obrigação de meio consiste na modalidade obrigacional segundo a qual há o dever de utilizar dos melhores meios e técnicas durante um determinado procedimento, por exemplo. Ou seja, ressalta-se que tal obrigação não tem como finalidade a obtenção de um específico resultado, mas sim a obrigação de se valer das melhores, precisas e eficientes técnicas/mecanismos/meios para que assim seja possível vislumbrar o resultado. Com isso, verifica-se que nos casos em que há obrigação de meio, o resultado não pode ser garantido. A saber:

> "Na obrigação de meio, a assunção de obrigações limita-se ao desempenho ou emprego de determinados meios, ou de conhecimentos específicos, de práticas recomendadas, de diligência total, de um procedimento qualificado e técnico. Almeja-se alcançar um resultado, o qual, porém, não é garantido. Promete-se, no entanto, fazer o melhor para conseguir o intento pretendido." (RIZZARDO, 2013, p. 319)

Por outro lado, há também a obrigação de resultado, a qual tem por finalidade justamente a obtenção do resultado acordado entre os sujeitos que firmam a obrigação, ou seja, nesses casos o resultado deve ser almejado e garantido, diferenciando-se assim da obrigação de meio. O presente entendimento encontra-se de acordo com a preciosa lição de Arnaldo Rizzardo, a saber:

> "(...) Promete-se um determinado objeto, que obrigatoriamente importa o cumprimento para ter-se como cumprida a obrigação. Impõe-se entregar ou conseguir o resultado combinado, sob pena de inadimplemento contratual e a cominação das perdas e danos." (RIZZARDO, 2013, p. 320)

A partir dos conceitos aqui apresentados e também seguindo parte da doutrina, identificamos que a atividade médica, em regra, deve ser considerada enquanto uma atividade de meio, porém há casos nos quais a atividade médica deve ser uma atividade de resultado, como por exemplo, na realização de determinados exames e até mesmo em algumas cirurgias, como é o caso da vasectomia e do ligamento das trompas da mulher. (RIZZARDO, 2013)

Ainda assim, ao tratar da atividade médica relacionada às

cirurgias plásticas, encontra-se grande divergência entre a doutrina, legislação e jurisprudência sobre qual seria a melhor classificação para a atividade do médico nesses casos, ou seja, se aí deve ser considerado uma atividade de meio ou uma atividade de resultado. Essa divergência tenta ser sanada seguindo uma análise que primeiro faz a distinção entre cirurgia plástica corretiva e cirurgia plástica estética, para só assim poder classificar a obrigação do médico de acordo com os respectivos procedimentos (corretivos ou estéticos).

A cirurgia plástica corretiva, a cirurgia plástica estética e suas diferentes classificações quanto às obrigações

A cirurgia plástica corretiva é o tipo de cirurgia através da qual o paciente busca a reparação/correção de alguma deformidade (RIZZARDO, 2013), sem que isso esteja vinculado a uma busca única do embelezamento. Para tanto, tem-se considerado que nos casos de cirurgia plástica corretiva há a obrigação de meio por parte do médico. Entretanto, utilizando o argumento de que a cirurgia plástica estética visa conferir uma melhor aparência ao paciente, e que este, por sua vez, busca realizar a respectiva cirurgia plástica para acertadamente obter um resultado específico (e que seja um resultado de embelezamento da aparência), observa-se a classificação que vem sendo feita em relação à obrigação na qual consiste tal procedimento cirúrgico, ou seja, diante desses elementos passou a considerar-se que há uma obrigação de resultado na realização da cirurgia plástica estética.

Contudo, devemos salientar que há uma série de implicações nessas formas de classificação. Devemos sempre ter em mente que o procedimento cirúrgico envolve riscos, cuidados e reações humanas que não são unânimes a todos os casos, ou seja, embora o procedimento cirúrgico estético vise à melhora da aparência do paciente, ainda assim há fatores que podem dificultar a obtenção do resultado pretendido, sendo que esses fatores, por vezes, independem da atuação médica, haja vista que as pessoas nem sempre terão respostas idênticas e cicatrizações também idênticas, tais processos podem variar de acordo com o organismo de cada paciente.

Apesar de boa parte dos doutrinadores concordarem com o

entendimento que afirma que as cirurgias plásticas estéticas/embelezadoras constituem obrigação de resultado, existem aqueles que divergem, como é o exemplo de Rui Rosado Aguiar. Segundo ele as cirurgias plásticas embelezadoras constituem obrigações de meio, pois riscos existem em todos os tipos de intervenções cirúrgicas e há a possibilidade de reações diferentes em cada organismo. Mesmo em casos em que o cirurgião assegura um determinado resultado, esse fato não altera a natureza da obrigação que continua sendo a de prestar um serviço utilizando os melhores meios possíveis, o que não exclui o risco da ação. Porém, é claro que deve haver uma análise sobre a culpa, se houve imprudência por parte do cirurgião (AGUIAR JÚNIOR, 1995, p. 39-40).

Outra autora que também detém esse posicionamento divergente é Hildegard Taggesell Giostri. Segundo ela o trabalho do cirurgião é realizado em um campo onde tudo é imprevisível, o corpo humano sofre constantes alterações sejam elas por fatores fisiológicos ou psíquicos de cada paciente que irão reagir de maneira diversa diante do mesmo tratamento (GIOSTRI, 2000, p. 104).

Esse posicionamento não leva diretamente à presunção de culpa do profissional em casos de resultados não obtidos como previsto, dessa forma cabe à vítima o ônus da comprovação do dano e da culpa do médico. Na França esse posicionamento também é adotado, segundo Carlos Alberto Direito tanto a doutrina quanto a jurisprudência francesa estão de forma a concordar que a obrigação a qual se submete o cirurgião plástico ao realizar uma cirurgia plástica estética não é nem deve ser diferente da dos demais cirurgiões, uma obrigação de meio, pois os riscos são os mesmos, o campo de atuação, que é o corpo humano, é o mesmo (DIREITO, 1995, p. 11-12).

Apesar de tudo, ainda é dever do médico prover as informações necessárias ao paciente e de forma ainda mais ampla possível. O doutrinador Rui Stoco afirma que nos casos da cirurgia estética em especial a informação deve ser completa e até exaustiva. Nessas informações devem estar inclusos os riscos, as vantagens e quaisquer outras necessárias para que o paciente esteja ciente de todas as prováveis falhas e complicações que possam acontecer a partir de determinado procedimento (STOCO, 1999, p. 287).

E, além disso, o Conselho Federal de Medicina, na Resolução de nº 1.621 de 16 de maio de 2001, no seu art. 4º afirmou que o objetivo do ato médico em uma cirurgia plástica constituiria uma obrigação de meio assim como em todas as outras práticas médicas, não uma obrigação de fim ou de resultado como é majoritariamente afirmado.

A responsabilidade civil do médico cirurgião plástico

Assim como já mencionado nesta obra, a responsabilidade civil pode ser caracterizada enquanto responsabilidade civil objetiva ou responsabilidade civil subjetiva, de modo que a grande distinção entre elas é a definição ou não do elemento culpa, o que acarreta a aplicação de um tipo de responsabilidade ou de outro.

Com isso, já é possível entender que a responsabilidade objetiva não necessita que haja culpa do agente ou que essa culpa seja comprovada, ou seja, a responsabilidade objetiva incidirá independentemente do elemento culpa. Por outro lado, a responsabilidade subjetiva encontra-se diretamente relacionada com a culpa do agente, de forma que somente ocorrerá tal responsabilidade se tal culpa for comprovada (ressalta-se que a culpa deve ser entendida a partir da negligência, imprudência ou imperícia).

No que tange a atividade médica, a responsabilidade civil desses profissionais deverá ser considerada como responsabilidade subjetiva, de forma que se torna imprescindível a análise e comprovação da culpa do médico na sua respectiva conduta. Dessa forma, o médico só deverá ser responsabilizado caso atue com negligência, imprudência ou imperícia. Cumpre observar que esse entendimento abrange também a área cirúrgica, ou seja, o médico cirurgião plástico também está "submetido" à responsabilidade subjetiva. A saber:

> "Nesta visão, para que emerja a responsabilidade por dano causado a paciente em consequência de atuação do profissional, é necessário que se resulte provado de modo concludente que o evento danoso se deu em razão de imprudência, negligência, imperícia, que conduza a se estampar o erro grosseiro de sua parte." (RIZZARDO, 2013, p. 322 – 323)

Ainda corrobora com esse entendimento: "Mesmo os que propugnam pelo caráter de resultado da cirurgia, não se dispensa a prova da culpa, o que afasta a responsabilidade objetiva." (RIZZARDO, 2013, p. 336).

Isso sintetiza ainda mais o nosso entendimento, ou seja, buscamos aqui justamente a definição de que nos casos de cirurgia plástica estética o médico somente poderá ser responsabilizado mediante comprovação da culpa, fazendo com que ocorra a responsabilidade subjetiva. Diante disso, ressaltamos veementemente que deverá ser afastada a possibilidade da responsabilidade objetiva.

Além da doutrina, é também de suma importância o entendimento auferido pelos dispositivos legais contidos no atual Código Civil e no Código de Defesa do Consumidor. No artigo 951, o Código Civil trata sobre a indenização em casos que envolvam cuidado com a saúde, sendo especificamente relacionado com a atividade profissional ligada aos cuidados com saúde, dispondo que:

> "O disposto nos arts. 948, 949 e 950 aplica-se ainda no caso de indenização devida por aquele que, no exercício de atividade profissional, por negligência, imprudência ou imperícia causar a morte do paciente, agravar-lhe o mal, causar-lhe lesão, ou inabilitá-lo para o trabalho."

Em relação ao Código de Defesa do Consumidor, é possível identificar a forma como deve ser considerada a responsabilidade do médico cirurgião plástico quando analisado o parágrafo 4º do artigo 14, que entende o médico cirurgião plástico enquanto um profissional liberal. Dispõe o citado dispositivo legal: "§ 4º A responsabilidade pessoal dos profissionais liberais será apurada mediante a verificação de culpa."

A classificação da responsabilidade civil desses profissionais como sendo uma responsabilidade subjetiva também pode ser confirmada em algumas jurisprudências, a saber:

> "Tribunal de Justiça de São Paulo TJ-SP - Apelação : APL 00168943020108260510 SP 0016894-30.2010.8.26.0510 **Ementa :**

RESPONSABILIDADE CIVIL - ERRO MÉDICO – CIRURGIA PLÁSTICA REPARADORA DE ABDOMEN PÓS CIRURGIA BARIÁTRICA – INDENIZAÇÃO POR DANOS MATERIAIS, MORAIS E ESTÉTICOS - CICATRIZES APARENTES – RESPONSABILIDADE SUBJETIVA DO MÉDICO CIRURGIÃO - OBRIGAÇÃO DE MEIO - PROVA TÉCNICA QUE AFASTOU CONDUTA CULPOSA DO CIRURGIÃO PLÁSTICO – PRETENSÃO INDENIZATÓRIA AFASTADA – INCONFORMISMO DA AUTORA NÃO ACOLHIDO - CONDENAÇÃO DO PLANO DE SAÚDE NO CUSTEIO DE NOVA CIRURGIA PARA MINIMIZAR AS CICATRIZES – PEDIDO NÃO FORMULADO NA INICIAL – PROVIMENTO JURISDICIONAL EXTRA PETITA - SENTENÇA REFORMADA EM PARTE. A responsabilidade do médico na cirurgia plástica reparadora para a retirada do excesso de pele decorrente do emagrecimento pós cirurgia bariátrica é subjetiva, sendo a obrigação de meio, pois não se trata de procedimento puramente estético. Precedentes. Prova pericial que concluiu que a técnica utilizada pelo médico foi adequada. Pedido indenizatório indeferido. Deve ser reformada a sentença que determinou à corré, operadora de saúde, o custeio de nova cirurgia para melhora das cicatrizes. Pedido não deduzido, que impõe o acolhimento da alegação recursal de decisão extra petita pela operadora do plano. Sentença reformada, para que seja a ação julgada totalmente improcedente. RESULTADO: Apelação da autora desprovida; apelação da ré provida.

(TJ-SP - APL: 00168943020108260510 SP 0016894-30.2010.8.26.0510, Relator: Alexandre Coelho, Data de Julgamento: 28/10/2015, 8ª Câmara de Direito Privado, Data de Publicação: 29/10/2015)"

A relação de consumo, o ônus da prova (inversão) e o dano estético

Primeiramente é válido ressaltar que a visão de dano estético sobre deformidades físicas é ultrapassada. Este dano deve ser entendido como aquele que deixa marcas e demais defeitos que não agradem quem o carrega, aquele que causou uma modificação na aparência de alguém de forma permanente ou duradoura. Assim, segundo Tereza Ancona Lopes, para a caracterização de um dano como dano estético é necessário que seja observado alguns elementos: a transformação para pior; o efeito permanente ou duradouro e a localização na aparência externa da pessoa, o que não necessariamente significa dizer que deve ser uma lesão em local visível (LOPES, 1999).

O dano estético se caracteriza também como um dano extrapatrimonial e o dever de repará-lo é afirmado no art. 927 do Código Civil juntamente com o art. 186. A reparação deve ser para compensar a vítima e para sancionar o causador. Porém, existem diferenças dentro da classificação de dano estético quanto a sua natureza delitual ou contratual.

O dano contratual decorre do não cumprimento das cláusulas de um contrato. Assim, a responsabilidade contratual é definida nos termos do contrato e, por isso, quando há o inadimplemento de uma das obrigações previstas nele pode ocorrer um dano contratual. Em regra, o ônus da prova cabe a parte que alega, a vítima, ela deve provar que houve o dano e, em contrapartida, o réu deve fazer prova de fatos impeditivos. Porém, há casos em que a lei estipula culpa presumida, nos casos de responsabilidade objetiva, e nesses casos há a inversão do *onus probandi*, cabendo assim ao agente descaracterizar sua responsabilidade.

O Código de Defesa do Consumidor no seu artigo 14, §4° estabelece que a responsabilidade pessoal do profissional liberal será apurada mediante a verificação de culpa. Além disso, o art. 6°, VIII, também do CDC, alega que poderá haver inversão do ônus da prova em favor do consumidor. Dessa forma, quando determinado médico é contratado e há um dano decorrente de sua ação, há a necessidade da comprovação da culpa e o juiz verifica a possibilidade de inversão do ônus da prova o que acarretará ao profissional provar que o consumidor está errado. Exemplo disto é a seguinte jurisprudência:

> Ação de indenização por danos moral, físico, estético e lucros cessantes. 1. Inversão do ônus da prova com base no artigo 6.°, inciso VIII, do Código de Defesa do Consumidor (CDC)- Impossibilidade - Inaplicabilidade das normas do CDC ao caso Prestação de serviço público - Inexistência de relação de consumo - Precedentes. 2. Prova pericial - Responsabilidade pelo pagamento das despesas relativas à perícia - Prova requerida por ambas as partes - CPC, art. 33 - Regra geral que atribui à parte autora o ônus de antecipar as despesas com a produção da prova pericial - Autora beneficiária de assistência judiciária - Lei n.° 1.060/1950,

art. 2.º, inc. V - Inviabilidade de inversão desse ônus, para que a ré assuma os custos da prova pericial - Despesas que deverão ser pagas ao final, pelo vencido, se não o beneficiário da assistência judiciária gratuita - Lei n.º 1.060/1950, art. 11. 3. Recurso parcialmente provido.

(TJ-PR 9089461 PR 908946-1 (Acórdão), Relator: Rabello Filho, Data de Julgamento: 17/07/2012, 3ª Câmara Cível)

As excludentes do nexo de causalidade

Como já mencionada nesta obra, o nexo de causalidade é um dos elementos principais para a composição e imputação da responsabilidade civil. Ele é que constitui a relação entre a causa e o efeito, entre uma conduta, seja esta de ação ou de omissão, e um resultado, que pode ser um dano. Para que a reparação ocorra, é necessário mais que apenas o dano, é necessária a comprovação da existência do nexo causal. Dessa forma, é imprescindível também a existência de culpa do agente causador do dano (quando corresponder a responsabilidade civil subjetiva), a averiguação da existência de imperícia, negligência ou imprudência.

Sendo assim, as consequências que acabam por quebrar ou enfraquecer o nexo de causalidade, de sorte ou a interferir na obrigação de indenizar o dano suportado por alguém (SAMPAIO, 2003. p. 89) são também as excludentes de responsabilidade, afinal, sem haver a relação de causa e efeito entre a ação e o resultado não há como imputar responsabilidade. As excludentes do nexo causal são casos de impossibilidade superveniente do cumprimento da obrigação não imputáveis ao devedor ou agente (CAVALIERI, 2002).

Roberto Senise Lisboa faz distinção entre as excludentes da responsabilidade civil objetiva e subjetiva, aquelas como legítimas defesas próprias ou de terceiro, o estado de necessidade próprio ou de terceiro, o exercício regular do direito, o estrito cumprimento do dever legal, caso fortuito e a força maior. Estas são causas que afastam o nexo de causalidade e a conduta daquele que é considerado o agente do dano, ou reconhecem a existência da conduta e do nexo, mas a lei considera justificável o ato praticado (LISBOA, 2002. p. 251). Em relação às excludentes da responsabilidade civil subjetiva existem: culpa da vítima; fato de terceiro e caso fortuito/força maior.

A culpa da vítima e fato de terceiro estão no Código de Defesa do Consumidor nos artigos 12, §3º, III e 14, §3º, II. A culpa pode ocorrer de duas formas: exclusiva ou concorrente; na primeira forma desaparece a relação de causa e efeito entre o agente causador do dano e o prejuízo da vítima; na segunda, a responsabilidade é atenuada porque há culpa da vítima e do agente (RODRIGUES, 2002. p. 165). No fato de terceiro é preciso averiguar se há a possibilidade de excluí-lo da obrigação de reparação e deve haver o exame se o terceiro é o causador exclusivo ou concorrente do prejuízo, pois quando a culpa é exclusiva do terceiro não há nexo causal (VENOSA, 2003. p. 48).

No artigo 393 do Código Civil afirma-se que o devedor não responde pelos prejuízos resultantes de caso fortuito ou força maior, se expressamente não se houver por eles responsabilizado. No parágrafo único deste artigo: "caso fortuito ou de força maior verifica-se no fato necessário, cujos efeitos não eram possíveis evitar ou impedir". Os requisitos destes eventos estão na inevitabilidade do acontecimento, requisito objetivo, e na ausência de culpa, requisito subjetivo (DINIZ, 2002. p. 287). Esses acontecimentos são alheios a vontade do agente.

Além dessas, no campo contratual há a cláusula de não indenizar e consiste basicamente em uma cláusula que está incluída no contrato em que um dos contratantes declara que não irá se responsabilizar por danos relacionados a descumprimento frente à obrigação firmada. Porém, há divergências em relação a esse dispositivo, pois há quem o considere nulo ou contrário ao interesse social.

Conclusões

Consideramos que a temática de estudo sobre a responsabilidade civil do médico cirurgião plástico deve ser consubstanciada com a análise de características que se apresentam enquanto fundamentais para tal entendimento, como é o exemplo da análise e discussão sobre a modalidade de obrigação na qual a cirurgia plástica pode ser enquadrada, ou seja, se há uma obrigação de resultado ou uma obrigação de meio, assim considerando também a distinção entre a cirurgia plástica corretiva e a cirurgia plástica estética. Ademais, destacamos que a presente obra define o entendimento de que independentemente de qual seja a obrigação designada para a classificação da cirurgia plástica estética (obrigação de resultado ou obrigação de meio), o que deverá prevalecer em relação à responsabilidade civil do médico cirurgião plástico é o entendimento de que não deverá incidir responsabilidade objetiva nesses casos. Dessa forma, acreditamos então que a ocorrência da responsabilidade civil do médico cirurgião plástico dependerá essencialmente da definição da culpa, ou seja, é importante a análise, de acordo com as particularidades de cada caso, da conduta do médico, para que assim seja possível observar se o profissional agiu com negligência, imprudência ou imperícia, fatores esses que caracterizam a culpa e que somente assim viriam a definir a responsabilização ou não do médico cirurgião plástico. E, além disso, verificar se há de fato nexo de causalidade entre a ação do profissional e o dano causado, pois, pela atividade médica ser exercida sobre o corpo humano, nem sempre é possível prever certos resultados e deve haver também a contribuição do paciente para que eles sejam satisfatórios.

Referências

AGUIAR JÚNIOR, Ruy Rosado de. **Responsabilidade Civil do médico**. Revista dos Tribunais, n° 718. p. 33-35, ago. 1995.

CAVALIERI FILHO, Sérgio. **Programa de responsabilidade civil**. 3. ed. São Paulo: Malheiros, 2002.

DINIZ, Maria Helena. **Código Civil Anotado**. 8 ed. São Paulo: Saraiva, 2002.

DIREITO, Carlos Alberto. A responsabilidade civil em cirurgia plástica. **Revista de Direito Renovar,** Rio de Janeiro, Renovar, v.1, 1995.

GIOSTRI, Hildegard Taggesell. Algumas reflexões sobre as obrigações de meio e de resultado na avaliação de responsabilidade médica. **Revista Trimestral de Direito Civil.** Rio de Janeiro: Padma, v. 5, jan./mar. 2000.

LISBOA, Roberto Senise. **Manual Elementar de Direito**

Civil. 2 ed. rev e autal. São Paulo: Editora Revista dos Tribunais, 2002.

LOPEZ, Tereza Ancona. **O dano estético: responsabilidade civil**. 2. ed. São Paulo: Revista dos Tribunais, 1999.

RIZZARDO, Arnaldo. **Responsabilidade Civil**. 6 ed. rev. e atual. Rio de Janeiro: Forense, 2013.

RODRIGUES, Sílvio. **Direito Civil**. 19 ed. vol. 4. São Paulo: Saraiva, 2002.

SAMPAIO, Rogério Marrone de Castro. **Responsabilidade Civil**. 3º ed. São Paulo: Atlas 2003.

STOCO, Rui. **Responsabilidade Civil e sua interpretação Jurisprudencial**. 4 ed. São Paulo: Revista dos Tribunais, 1999.

TARTUCE, Flávio. **Manual de Direito Civil, volume único**. 8 ed. rev, atual. e ampl. São Paulo: Método, 2018.

Vade Mecum Saraiva. 25 ed. atual. e ampl. São Paulo: Saraiva, 2018.

VENOSA, Sílvio de Salvo. **Direito Civil: Responsabilidade Civil**. 3º ed. São Paulo: Atlas, 2003.

ALIMENTOS GRAVÍDICOS AVOENGOS – APLICAÇÃO SUPLEMENTAR DO CÓDIGO CIVIL

CAROLINE DE LIMA ALEXANDRE
WENDEL ALVES SALES MACEDO

Introdução

Esse artigo tem o objetivo de trazer à discussão a possibilidade de se utilizar o Código Civil como fonte suplementar à Lei n° 11.808 de 2008, no que tange à obrigação alimentar dos avós, tendo em vista a omissão da norma jurídica de que trata os alimentos gravídicos, quando não previu da possibilidade de outros parentes arcarem com a obrigação alimentar na falta dos pais, deixando assim precário o direito do protegido, em outras palavras, do nascituro.

O direito como ciência dinâmica, que acompanha a evolução e as mudanças da sociedade, tem alargado cada vez mais suas fronteiras, principalmente no tocante à proteção à vida em respeito à dignidade da pessoa humana.

Nesse sentido, surge a obrigação alimentar como forma de resguardar a vida daquele que se encontra em penúria, com o objetivo de suprir suas necessidades bem como assegurar sua subsistência. Assim, o novel Código Civil trouxe a possibilidade de os parentes arcarem com os alimentos uns dos outros na proporção de suas possibilidades.

Cumpre mencionar ainda, que as prestações podem abranger tanto aquilo ligado à subsistência, que são os alimentos necessários, como àquilo ligado a manter o padrão de vida do alimentando, ou seja, tem também como objetivo o nível social do credor, esses são os alimentos civis.

Como consequência da proteção máxima da vida e da dignidade da pessoa humana, abrolha a Lei n° 11.804/08, como tutela ao produto da concepção, já que a lei põe a salvo os direitos do nascituro, ou seja, o ser não nascido tem seus direitos assegurados, por lei, desde o ventre da sua mãe.

A lei, acertadamente, veio amparar àquele que tem apenas uma expectativa de vida autônoma, contudo, foi omissa quando não tratou da possibilidade de outros parentes assumirem esta obrigação ante a impossibilidade financeira dos pais.

Nesse sentido, com respeito à dignidade da pessoa humana e na proteção máxima à vida, surge a necessidade de ser abordada a questão de do direito do nascituro quando da impossibilidade dos seus pais, verificando ser possível de, na falta dos pais, os avós virem a arcar com o encargo alimentar.

A natureza da vertente metodológica tem uma abordagem qualitativa, uma vez que foi realizada a descrição pormenorizada do que os diferentes autores pensam sobre o assunto, correlacionando-os e expressando ponto de vista conclusivo. Utilizando o método sistêmico, aquele em que há a reunião de elementos em um conjunto, que obedecem a uma lógica de organização, nossa pesquisa partiu do estudo da obrigação alimentar, direcionando o estudo aos alimentos gravídicos, com enfoque nos alimentos gravídicos avoengos.

Quanto aos alimentos gravídicos avoengos a doutrina ainda diverge, já que a lei que disciplina o instituto não disciplinou a obrigação avoenga, em contrapartida, existem os que comungam do entendimento de que, ante a omissão da lei, usa-se a analogia e as lei suplementares para evitar prejuízo à direito. Daí a necessidade de fazermos uma sistematização particular sobre o tema.

Por conseguinte, aparece a idéia de usar o Código Civil como lei suplementar, já que este previu que na falta de um, serão chamados os próximos parentes, em graus, para arcarem com as prestações alimentares. Para não deixar precário o direito tutelado, usa-se, por analogia, portanto o citado Código.

O método jurídico de interpretação escolhido foi o sistemático, avaliando o tema na perspectiva da sociedade e como ele se mostra no meio jurídico, buscando os mais variados posicionamentos e informações a respeito. Sobre à classificação da pesquisa com relação ao objetivo geral e procedimento técnico, foi feita uma pesquisa descritiva e bibliográfica. Isso porque, além de apresentação problemas e soluções para eles, foram realizados estudos por meio da análise de textos secundários, através da compilação, fichamento e levantamento do material utilizado. Realizou-se, ainda, uma pesquisa documental por meio de textos primários e, dessa forma, utilizou-se a técnica da documentação indireta, já que não houve contato direto com o objeto de estudo.

Alimentos gravídicos e nascituro

Conforme Freitas[15], na Roma antiga já se considerava o nascituro por nascido quando se tratava do seu interesse. No mesmo sentido, o Código Civil brasileiro, em seu art. 2º já coloca a salvo o direito do nascituro, como se vê no texto do referido artigo: "a personalidade civil do agente começa com o nascimento com vida; mas a lei põe a salvo, desde a concepção, os direitos do nascituro".[16] Segundo Venosa[17], para o nascituro, os seus direitos são futuros e condicionados, quer dizer, os direitos do nascituro estão condicionados ao nascimento com vida, e que embora seja titular de direitos da personalidade, não tem capacidade para exercê-los.

Por esse seguimento é de grande relevância tratar das teorias que permeiam o direito do nascituro. A primeira delas é a Teoria Natalista, esta teoria defende a idéia de que o nascituro só terá personalidade após o nascimento. Como ressalta Freitas[18], essa é a teoria adotada no Brasil, de que apenas com o nascimento com vida tem-se a aquisição da personalidade, em outras palavras, só com o nascimento com vida o sujeito poderá ser sujeito de direitos e adquirir e transmitir obrigações, e que por isso, não pode por meio de sua mãe, por exemplo, ter exercitado seus direitos por não tê-los adquiridos, contudo, para essa teoria o nascituro tem direitos personalíssimos.

Nesse sentido discorre César Fiuza:

> O nascituro não tem direitos propriamente ditos. Aquilo que o próprio legislador denomina "direitos do nascituro" não são direitos subjetivos. São, na verdade, direitos objetivos, isto é,

---

[15] Freitas, Douglas Phillips. **Alimentos Gravídicos – Comentários À Lei 11.804/2088.** Rio de Janeiro: Forense, 2011. p. 41.
[16] BRASIL. Planalto. **Lei nº 10.406/2002 – Código Civil Brasileiro.** Disponível em: http://www.planalto.gov.br>. Acesso em: Abril/2018.
[17] VENOSA, Silvio de Salvo. Op. cit., 361.
[18] FREITAS, Douglas Phillips. Op. cit., p. 42.

regras impostas pelo legislador para proteger um ser que tem a potencialidade de se tornar pessoa, e que, por já existir, pode ter resguardado eventuais direitos que virá a adquirir ao nascer[19]

No tocante a Teoria da Personalidade Condicional, essa teoria tem como foco principal uma condição, quer dizer, subordina os direitos do nascituro ao nascimento com vida. De acordo com Freitas,[20] o nascituro será reconhecido como pessoa, se houver nascimento com vida.

Já a Teoria Concepcionista, entende que o nascituro, desde sua concepção, já faz jus à direitos e a contrair obrigações. Nesse entendimento discorre Maria Helena Diniz:

> No direito civil francês e holandês (art. 3º) não basta o nascimento co vida; é necessário que o recém-nascido seja viável, ou seja Se nascer com vida, sua capacidade remontará à sua concepção, isto é, apto para a vida. Se nascer com vida, sua capacidade remontará à sua concepção. O direito civil espanhol (art. 30) exige que o recém-nascido tenha forma humana e que tenha vivido 24 horas, para que possa adquirir personalidade. O direito português também condicionava à vida a figura humana (art.6º). Para o argentino (art. 7º) e o húngaro (seção 9), a concepção já dá origem à personalidade. O nosso Código Civil afastou todas essas hipóteses, que originavam incertezas, dúvidas, pois, no se art. 2º, não contemplou os requisitos da viabilidade e forma humana, afirmando que a personalidade jurídica inicia-se do nascimento com vida, ainda que o recém-nascido venha falecer instantes depois. Nessa mesma linha estão o Código Civil de suíço (art.31); o português de 1966 (art. 66, I); o alemão (art. 1º) e o italiano (art. 1º).[21]

Não resta dúvida que o ordenamento jurídico tenta proteger, como diz Paulo Nader[22] "[...] o presente e o futuro ser humano em formação [...] a dificuldade está na Teoria Geral do Direito Civil, que ainda está por teorizar a questão em harmonia com seus

---

[19] FIUZA, César. Apud FREITAS, Douglas Phillips. Op. cit., p. 42.
[20] FREITAS, Douglas Phillips. Op. cit., p. 42.
[21] DINIZ, Maria Helena. **Curso de Direito Civil Brasileiro**. São Paulo: Saraiva. 2005. p. 191-192.
[22] NADER, Paulo. Apud. FREITAS, Douglas Phillips. Op. cit., p. 43.

próprios princípios."

Freitas[23] ainda discorre que apesar da lei resguardar os direitos do nascituro, não específica quais são esses direitos. E ainda completa dizendo que mesmo antes da edição da Lei n ° 11.804/2008 – Lei dos Alimentos Gravídicos, já se via a possibilidade de ações em relação ao pai, visando a proteção da futura descendência, com fundamento na proteção do nascituro.

É valioso destacar que os direitos do nascituro estão abarcados pelo príncipio fundamental constitucional da dignidade da pessoa humana, devendo assim ao máximo ser protegidos. Tal príncipio, está presente na Declaração Universal dos Direitos Humanos, bem como nos tratados e pactos internacionais, como por exemplo o Pacto San José da Costa Rica, o qual o Brasil é signatário, ou seja, havendo desrespeito em algum de seus dispositivos, o Brasil poderá responder um processo internacional por isso.

Do termo inicial

Existem divergências quanto ao termo inicial dos alimentos gravídicos. No projeto original da lei n° 11.804/08, estava previsto no art. 9° previa como termo inicial a citação do alimentando, vejamos: "Os alimentos serão devidos desde a data da citação do réu".[24]

Contudo, o referido artigo foi vetado em face da recorrente morosidade da justiça, distorcendo, assim, o caráter urgente do instituto, como observamos nas razões do veto:

> O art. 9° prevê que os alimentos serão devidos desde a data da citação do réu. Ocorre que a prática judiciária revela que o ato citatório nem sempre pode ser realizado com a velocidade que se espera e nem mesmo com a urgência que o pedido de alimentos requer. Determinar que os alimentos gravídicos sejam devidos a partir da citação do réu é condená-lo, desde já, à não-existência, uma vez que a demora pode ser causada pelo próprio réu, por meio de manobras que visam impedir o ato citatório. Dessa forma,

---

[23] FREITAS, Douglas Phillips. Op. cit., p. 43.
[24] BRASIL. Planalto. **Lei n° 11.804/2008** – Disciplina o direito a alimentos gravídicos e a forma como ele será exercido e dá outras providências. Disponível em: http://www.planalto.gov.br>. Acesso em: Abril/2018.

o auxílio financeiro devido à gestante teria início no final da gravidez, ou até mesmo após o nascimento da criança, o que tornaria o dispositivo carente de efetividade.[25]

Porém, apesar do veto, na prática, o termo inicial dos alimentos gravídicos continua sendo a citação do alimentando.

Para os que sustentam o veto, o entendimento é que o termo inicial dos referidos alimentos, se dá com a concepção, porque, em si tratando de despesas adicionais decorrentes da gravidez, como uma conclusão lógica, as tais despesas vão desde a concepção até o parto, sendo possível, nesse sentido, que mesmo antes da ação, seja considerado como termo inicial, a concepção.

Os que não compartilham desse raciocínio, entendem que considerar a concepção como termo inicial, exige saber o momento da concepção, e para tanto, seria necessário um entendimento pacífico de quando se inicia a vida, o que não é o caso, na sociedade brasileira, muito menos no ordenamento jurídico brasileiro.

Contudo, se for levar em consideração que a norma nasceu como proteção integral a mãe e ao nascituro, e diante do veto do legislador, ou seja, este demonstrou a intenção de que a regra não fosse aplicada, chega-se a conclusão de que o termo inicial é sim, a concepção.

Temos assim, um relativismo da norma, usando como paradigma o Código Civil, o qual dispõe que, no que tange à indenização por responsabilidade civil, o termo inicial se dá desde o fato originador da responsabilidade.

Da legitimidade ativa

Como já falado anteriormente, antes da Lei n° 11804/08, já se reconhecia o direito de o nascituro requerer alimentos, contudo a parte da doutrina que reconhecia tal possibilidade entendia que o

---

[25] BRASIL. Planalto. **Lei n° 11.804/2008** – Disciplina o direito a alimentos gravídicos e a forma como ele será exercido e dá outras providências. Disponível em: http://www.planalto.gov.br>. Acesso em: Abril/2018.

legitimado ativo para tanto era o próprio nascituro representado pela mãe.

Todavia, com o advento da lei, esta conferiu a gestante legitimidade ativa para propor a ação de alimentos, pois conforme atesta Roberto Gonçalves[26], o objetivo da lei é conceder ao nascituro um nascimento com dignidade. E até por conta de sua natureza, que conforme observamos no art. 2°[27] da referida lei, os alimentos são direcionados a cobrir as despesas decorrentes da gravidez desde a concepção até o parto.

Dessa forma, observa-se que o intuito é conferir a gestante uma gestação digna para que, por conseguinte, tenha o nascituro, também, um nascimento digno. Porem, isso não quer dizer que sempre a gestante será a detentora do exercício do poder familiar, pode ocorrer que outra pessoa, que não a gestante, detenha o exercício do poder familiar diante do nascituro, sendo este investido na posse dos direitos que assistem o nascituro.

Da legitimidade passiva

O protagonista do pólo passivo da obrigação de alimentos gravídicos é o suposto pai, como discorre Freitas,[28] aquele que fora indicado na ação como o suposto pai do nascituro, com resguardo no art. 1597 do Código Civil,[29] pautado nos indícios de paternidade ou pela paternidade presumida.

No que tange aos indícios de paternidades, este se consagra pela produção de provas na ação de alimentos, contudo, como a matéria probatória por si só não é contundente, digo, conclusiva o suficiente para o reconhecimento da paternidade, por não conter prova pericial, a lei permitiu que fosse concedido a tutela pelo

---

[26] GONÇALVES, Carlos Roberto. Op. cit., p. 527.

[27] BRASIL. Planalto. **Lei n° 11.804/08**. Art: 2º Os alimentos de que trata esta Lei compreenderão os valores suficientes para cobrir as despesas adicionais do período de gravidez e que sejam dela decorrentes, da concepção ao parto, inclusive as referentes a alimentação especial, assistência médica e psicológica, exames complementares, internações, parto, medicamentos e demais prescrições preventivas e terapêuticas indispensáveis, a juízo do médico, além de outras que o juiz considere pertinentes. Disponível em: http://www.planalto.gov.br>. Acesso em: Abril/2018.

[28] FREITAS, Douglas Phillips. Op. cit., p. 76.

simples indício da paternidade. Isto, pois, como a forma de conclusão da paternidade se dá, decisivamente, como traz Freitas,[30] com o exame de DNA intrauterino, e tal possibilidade foi afastada por muitos especialista tendo em vista trazer grande risco ao feto, o que terminava indo de encontro com a tutela da vida, ferindo assim os direitos do feto, a lei permitiu que o direito fosse concedido baseado na verossimilhança das alegações com os documentos, quer dizer, com provas documentais e testemunhais, que ao menos trouxessem indícios da paternidade.

Para alguns doutrinadores, o juiz conceder a tutela, baseando-se apenas na presunção de boa-fé da requerente, diante apenas das alegações dadas pelas partes, é inaceitável, haja vista a possibilidade de algumas mulheres serem litigantes de má-fé. Porém, não se pode diante da possibilidade de algumas mulheres se aproveitarem com vantagens ilícitas anular os interesses da criança.

Sem deixar de falar que a litigância de má-fé é ato ilícito e punível, ou seja, a mulher que demandar de má-fé será punida, bem como poderá, conforme o caso concreto, ser alvo de indenização por danos morais e materiais.

Já ao que se refere à paternidade presumida, o art. 1597[31] do novel Código discorre:

> Presumem-se concebidos na constância do casamento os filhos: nascidos cento e oitenta dias, pelo menos, depois de estabelecida a convivência conjugal; nascidos nos trezentos dias subsequentes à dissolução da sociedade conjugal, por morte, separação judicial, nulidade e anulação do casamento; havidos por fecundação artificial homóloga, mesmo que falecido o marido; havidos, a qualquer tempo, quando se tratar de embriões excedentários, decorrentes de concepção artificial homóloga; havidos por inseminação artificial heteróloga, desde que tenha prévia autorização do marido.

Havendo a presunção da paternidade de acordo com o artigo acima mencionado, o juiz poderá desde já conceder os alimentos gravídicos, sem inclusive, a necessidade de outras provas.

---

[30] Ibid. p. 77.
[31] BRASIL. Planalto. **Lei n° 10.406/2002** – Código Civil Brasileiro. Disponível em: http://www.planalto.gov.br>. Acesso em: Abril/2018.

Pode ainda haver pleito em relação a outros parentes, apesar da Lei 11804/08 não ter trazido a possibilidade, contudo, juristas entendem que se aplica de forma supletiva o Código Civil, pela omissão da lei.

Direito do nascituro x obrigação dos avós

Como já dito neste trabalho, é cabível ao nascituro a prestação de alimentos, já que o Código Civil, o seu art. 2º, ampara o produto da concepção, ou seja, desde o ventre de sua mãe, o nascituro, tem os seus direitos protegidos conforme o ordenamento jurídico brasileiro. Tanto que, como lembra Venosa[32], até mesmo no Código Civil de 1916, no seu art. 121,[33] discorria sobre a permissão, do titular de direito eventual, exercer atos que fossem necessários para a conservação desses direitos.

No mesmo raciocínio, arrazoa Arnaldo Rizzardo[34], "desde que presentes os requisitos próprios, como o *fumus boni iuris* e a certeza de quem é o pai, mesmo os alimentos provisionais é possível conceder, como o que se garantirá uma adequada assistência pré-natal ao concebido".

No outro pólo, encontra-se o legitimado passivo, no caso, os avós, que como nos prova o art. 1.696, é latente a possibilidade de os avós arcarem com o encargo gravídico-alimentício. Vejamos: "O direito à prestação de alimentos é recíproco entre pais e filhos, e extensivo a todos os ascendentes, recaindo a obrigação nos mais próximos em grau, uns em falta de outros", que ainda é confirmado pelo art. 1698:

> Se o parente, que deve alimentos em primeiro lugar, não estiver em condições de suportar totalmente o encargo, serão chamados a concorrer os de grau imediato; sendo várias as pessoas obrigadas a prestar alimentos, todas devem concorrer na proporção dos respectivos recursos, e, intentada ação contra uma delas, poderão as demais ser chamadas a integrar a lide.

---

[32] VENOSA, Silvio de Salvo. Op. cit., p. 361.
[33] BRASIL. Planalto. **Lei nº 3.071/1916**. Art. 121: Ao titular de direito eventual, no caso de suspensão suspensiva, é permitido exercer os atos destinados a conservá-los. Disponível em: http://www.planalto.gov.br>. Acesso em: Abril/2018.
[34] RIZZARDO, Arnaldo. Apud. VENOSA, Silvio de Salvo. Op. cit., p. 361.

Dessa forma, conclui-se que no caso da impossibilidade financeira dos pais, os avós arcarão com prestação alimentícia, cabendo o ônus da prova aos pais, nesse sentido aponta Carlos Roberto Gonçalves:

> A ação deve ser dirigida primeiramente contra o pai, para, na impossibilidade dele, serem chamados os avós. Não se exclui a possibilidade de a ação ser proposta contra o pai e o avô, se evidenciando que aquele não tem condições de arcar sozinho com a obrigação alimentar. (...) Se, no entanto, o pai, comprovadamente, estiver ausente, ou, estando presente, não reunir condições para responder pela obrigação alimentar, a ação poderá, como dito, ser ajuizada somente contra os avós, assumindo o autor o ônus de demonstrar a ausência ou absoluta incapacidade daquele. Somente se ficar demonstrado no curso do processo que o autor pode ser sustentado pelo genitor é que seus avós serão excluídos da lide. A ausência de prova inequívoca da incapacidade econômica do pai é matéria de mérito, devendo, pois, ser verificada durante a instrução do processo, e não ser indeferida a pretensão 'initio litis' ou no despacho saneador. [35]

Nesse raciocínio, sabendo que a lei ampara o ser concebido, assim como traz a possibilidade de os avós prestarem alimentos, nasce a discussão dos alimentos gravídicos avoengos.

Aplicabilidade suplementar do código civil

De acordo com as premissas apresentadas, é controvertido o ponto quanto a aplicabilidade do Código Civil aos Alimentos Gravídicos.

Existem juristas que sustentam o entendimento de que a Lei dos Alimentos Gravídicos não traz a possibilidade de aplicação do Código Civil como fonte subsidiária. Isto, pois, no art. 11[36] da

---

[35] GONÇALVES, Carlos Alberto. Apud. LOMEO, Leandro Soares. (art. *on line*).
[36] BRASIL. Planalto. Art. 11. Aplicam-se supletivamente nos processos regulados por esta Lei as disposições das Leis nos 5.478, de 25 de julho de 1968, e 5.869, de 11 de janeiro de 1973 - Código de Processo Civil. Disponível em: http://www.planalto.gov.br>. Acesso em: Abril/2018.

referida lei, o legislador previu, expressamente, a aplicação supletiva da lei relativa aos alimentos, assim como previu a aplicação do Código de Processo Civil, não prevendo a possibilidade do Código Civil.

Desse modo, para esses doutrinadores, como a Lei 11804/08 não previu a possibilidade dos avós ou de outros parentes arcarem com o encargo alimentar, assim como não trouxe a possibilidade, expressa, da aplicação do Código Civil à referida lei, não há que se falar em avós arcando com a prestação alimentar gravídica, na falta dos pais do nascituro.

Contudo, em rumo contrário, segue o entendimento de que, embora a Lei dos Alimentos Gravídicos, não tenha previsto expressamente tal possibilidade, quando há lacunas na lei, no direito brasileiro, resolve-se o caso pela analogia. Como lembra Freitas:

> (...) se o fato precisa de determinada tutela e não possui respaldo na respectiva lei regulamentadora (ou mesmo quando esta não existe), busca-se, dentre outras fontes, na analogia, a resolução do caso concreto, logo, a satisfação da tutela pleiteada, já que não pode o Estado se omitir da prestação jurisdicional pela alegação de inexistência de norma. [37]

Confirmando o apontado, o art. 4º da Lei de introdução ao Código Civil, discorre: "Quando a lei for omissa, o juiz decidirá o caso de acordo com a analogia, os costumes e os princípios gerais de direito", e completa-se com o art. 5º da retro lei, "Na aplicação da lei, o juiz atenderá aos fins sociais a que ela se dirige e às exigências do bem comum".

Desta maneira, o Código Civil é, como sustenta Freitas[38], supletiva, por excelência, às relações de natureza privada, não importando a sua menção nas leis esparsas, ou seja, há que se utilizar o Código Civil como norma subsidiária, digo, suplementar à Lei dos Alimentos Gravídicos, devendo assim sua eficácia ser ampliada.

Porém é importante falar que a ampliação do pólo passivo dos

---

[37] FREITAS, Douglas Phillips. Op. cit., p.80.
[38] FREITAS, Douglas Phllips. Op. cit., p. 80.

Alimentos Gravídicos, conforme os arts. 1696 e 1698 do Código Civil, não se refere à execução dos alimentos, mas tão somente à sua constituição.

Com isso, percebe-se a patente possibilidade de os avós integrarem o pólo passivo dos alimentos gravídicos.

Os cuidados na aplicação da obrigação alimentar avoenga

É valioso destacar que o juiz deve tomar cuidado ao decidir pelos Alimentos Gravídicos Avoengos, pois como os Alimentos Gravídicos, por si só, tem pouco lastro probatório, pela falta da prova pericial, e sua aplicação requer apenas o indício da paternidade, para os avós contra-argumentar as circunstancias narradas pela gestante, se torna difícil.

Como alerta Freitas[39], "os avós, salvo casos muito específicos, sequer poderão argumentar se o filho conhece ou não a autora, quanto mais se o casal manteve relações sexuais e se as circunstâncias narradas na exordial são verdadeiras ou mesmo possíveis".

Dessa forma, requer cuidado redobrado do magistrado ao formar o seu convencimento, e, por conseguinte estabelecer a obrigação alimentar aos avós, pautando-se nas provas apresentadas, na argumentação e ainda na contraposição probatória, lembrando que o ônus da prova cabe à gestante.

Críticas ao instituto

Como nada no direito é absoluto, há aqueles que discordam do instituo, que acreditam não ser possível a ampliação do pólo passivo dos alimentos gravídicos.

Isto ocorre, pois, primeiramente, a Lei n° 11804/08, não trouxe a possibilidade de outro parente, que não o pai, arcar com a obrigação gravídica – alimentar. Para quem defende esse posicionamento, o art. 11 da mencionada Lei, discorre expressamente sobre as leis suplementares, deixando de fora o

---

[39] Ibid., p. 82.

Código Civil. Como a previsão de outros parentes arcarem com a obrigação alimentar, encontra-se no mencionado Código Civil, não há que se falar em ampliação do instituto.

Para esta corrente, como aponta Costa[40], quando a obrigação alimentar gravídica recai sobre os avós, isto ocorre, pelo pleito da mãe e impossibilidade do pai. Contudo, é comum a acomodação do pai e da gestante, restando prejudicado o dever dos avós, que serão obrigados a arcar com obrigação da qual não contribuiu, por mera omissão da gestante e do suposto pai do nascituro. Assim como pode ocorrer de ambos – gestante e suposto pai – poderem arcar com a obrigação e camuflarem sua condição financeira para se absterem do encargo.

Todavia, esses argumentos não podem ser tomados por base, haja vista, que o bem tutelado é o da vida, com respaldo na dignidade da pessoa humana, que é uma garantia fundamental estabelecida pela Constituição pátria, devendo ser protegida.

Nessa direção, o nascituro que já tem os seus direitos resguardados por lei, desde sua concepção, deve ter seus interesses sobrepostos, pois conforme atenta Lomeo[41],

> Com objetivo de resguardar um momento primordial do ser humano onde a eventual deficiência alimentícia pode significar o estágio limítrofe entre a vida e a morte, julga-se pela possibilidade da vida e a extensão da obrigação alimentar aos parentes em condições de fazê-la.

Assim, entende-se, na impossibilidade de os pais arcarem com o encargo alimentar, o grau mais próximo arcará com o encargo, lembrado, só após a comprovação da impossibilidade financeira dos pais.

É importante argumentar, que o juiz irá arbitrar a prestação de acordo com a possibilidade financeira dos avós, pois este também deve ter sua dignidade protegida. E de acordo com o princípio da razoabilidade e proporcionalidade, o juiz irá estipular de forma equilibrada o *quantum* da obrigação, não podendo em hipótese

---

[40] COSTA, Maria Aracy Menezes da. Op. cit., p. 154.
[41] LOMEO, Leandro Soares. Op. cit., (art. *On line*).

.

alguma "cobrir um santo, descobrindo o outro".

Sem deixar de mencionar, como já dito em outro Capítulo, cabe punição àquele que litiga de má-fé, ou seja, sendo o caso da gestante, usar da justiça como meio de retirar vantagens ilícitas, caberá à ela punição pela prática de ato ilícito, bem como, dependendo do caso, caberá indenização por danos morais e materiais.

Cumpre apontar, ainda, que a obrigação alimentar de "outros parentes", tem caráter excepcional e provisório, pois só será aplicado pelo juiz quando provada a impossibilidade financeira do pai, recaindo assim a obrigação aos demais parentes, no caso em atento, aos avós; e que, restabelecida a condição de arcar com o encargo dos pais, cessa a obrigação para com os avós.

Conclusão

Os Alimentos Gravídicos trouxeram ao mundo jurídico mais uma forma de proteção à vida e o respeito ao princípio Constitucional da dignidade da pessoa humana, discussões doutrinárias à parte, ante esse entendimento, os Alimentos Gravídicos Avoengos, apresenta-se como mais uma forma de proteção e de respeito, sendo, portanto, objeto de estudos e pesquisas.

Apesar do nascituro não ter personalidade jurídica, a lei já o assegura alguns direitos, como a vida, por exemplo, e, por conseguinte, o direito à alimentos, já que para a manutenção da vida, os alimentos como um todo é imprescindível, seguindo nesse sentido, nasce a lei n° 11.804/08, com o objetivo de socorrer o direito do nascituro, o ser já concebido, e que poderá ser sujeito de direito futuro, dependendo do nascimento com vida.

Ante essa perspectiva, a omissão trazida pela lei n° 11.804/08, que não trouxe a possibilidade de outros parentes arcarem com os alimentos gravídicos, pela impossibilidade do pai, assim como não trouxe a possibilidade da aplicação subsidiária do novel Código Civil, trouxe patente prejuízo ao instituo.

Ora, se a lei protege o nascituro, e, inclusive, foi feito uma lei específica, visando a proteção desse ser, assim como a lei também previu a possibilidade de, tendo-se uma omissão na lei, utilizar-se da analogia para suprir essa omissão, nada mais que lógico usar o Código Civil, de forma suplementar para suprir a omissão deixada pela lei n° 11.804/08, e por conseguinte atender as necessidades do nascituro.

Entende-se, portanto, que aplicando o Código Civil de 2002 à lei n° 11.804/08, é possível os avós arcarem com os alimentos gravídicos, quando o pai não puder fazê-lo, garantindo, assim, o direito do produto da concepção.

Referencias

BRASIL. Código Civil de 2002. Disponível em: <http://www.planalto.gov.br>. Acesso em: Março/2018.

BRASIL. Código Civil de 1916. Disponível em: <http://www.planalto.gov.br>. Acesso em: Março/2018.

BRASIL. Constituição Federal. Disponível em: <http://www.planalto.gov.br>. Acesso em: Março/2018.

BRASIL. Lei n° 8.560/1992. Regula a investigação de paternidade dos filhos havidos fora do casamento e dá outras providências. Disponível em: <http://www.planalto.gov.br>. Acesso em: Abril/2018.

BRASIL. Lei n° 11.804/2008. Disciplina o direito a alimentos gravídicos e a forma como ele será exercido e dá outras providências. Disponível em: <http://www.planalto.gov.br>. Acesso em: Março/2018.

COSTA, Maria Menezes da Costa; Os Limites da obrigação alimentar dos avós. Porto Alegre: Livraria do Advogado, 2011.

DINIZ, Maria Helena. Curso de Direito Civil Brasileiro. 22ª ed. São Paulo: saraiva. 2005.

FREITAS, Douglas Phillips; Alimentos Gravídicos – Comentários À Lei 11.804/2088. 3ª ed. Rio de Janeiro: Forense, 2011.

GONÇALVES, Carlos Roberto. Direito Civil Brasileiro. 6ª ed. São Paulo: Saraiva. 2010.

GONÇALVES, Marino Elígio; Alimentos entre parentes: Uma

reflexão aos arts. 396, 397 e 398 do Código Civil Brasileiro. Disponível em: <http://www.advogado.adv.br/artigos>. Acesso em: Abril/2018.

LOMEO, Leandro Soares; Alimentos Gravídicos Avoengos. Disponível em: <http://www.ibdfam.org.br>. Acesso em: março/2018.

VENOSA, Silvio de Salvo; Direito Civil. 8ª ed. São Paulo: Atlas, 2008.

ZAQUERO, Ciara Bertocco; Qual a diferença entre alimentos provisórios e alimentos provisionais do artigo 1.706 do Código Civil? Disponível em: <http://www.lfg.com.br>. Acesso em: Abril/2018..

COISIFICAÇÃO DO HOMEM, HUMANIZAÇÃO DO ANIMAL: UMA ABORDAGEM REFLEXIVA SOBRE OS HODIERNOS POSICIONAMENTOS PRETORIANOS

ARI GLEDSON BATISTA FERREIRA
LUCIANA DE ALBUQUERQUE CAVALCANTI BRITO

Introdução

É indispensável que o Direito assuma cada vez mais um caráter dinâmico, interdisciplinar e demasiadamente efêmero, em relação aos parâmetros evolutivos que o moldam, podendo, desta forma, acompanhar as diversas facetas mutáveis da sociedade. Entretanto, há de se ponderar não precisar o Direito, instintivamente e de forma desenfreada, chancelar todas as criações, invenções ou pretensões da vontade humana.

Ultimamente, o Judiciário tem enfrentado questão que, certamente, quando da edição do Código Civil de 1916, nunca se imaginou: disputa de animais domésticos ou de animais de estimação em varas de família por ex-cônjuges ou ex-companheiros.

O presente artigo não tem por objeto discutir, primordialmente, a ausência de regulamentação legal acerca do assunto. A pretensão acadêmica e jurídica é discorrer a maneira como o Direito e o Judiciário devem se debruçar acerca destas relações, sem desmerecer as bases positivadas no ordenamento jurídico e a segurança jurídica, frente aos desdobramentos que a aplicabilidade da analogia entre guarda de animais domésticos e menores pode trazer, em que pese à assistência de todos os núcleos e indivíduos envolvidos.

O instrumento, cuja capacidade está intrinsecamente ligada à concretização fática e positivada das afirmativas mencionadas alhures, é a própria lei, dotada de funções inclusivas, devendo sempre se manter em movimento para acompanhar as mudanças sociais que inflamam o seu surgimento ou tutela, vez que o que se busca averiguar na referida análise é que o Direito é aquilo que é posto aos olhos da realidade social (BOBBIO, 2001).

Com efeito, é a partir destes pressupostos que, diversas situações têm exigido dos Tribunais uma resposta, na maioria das vezes, diante da ausência de estipulação legal que regulamente o caso, como por exemplo, a novel formulação dos diversos tipos de família e seus desembaraços, a multiparentalidade, o poliamor e, a mais recente, cuja crítica serviu como fomento e motivação para a realização deste trabalho, a guarda de animais de estimação equiparada a de seres humanos, a fim de analisar e criar um caráter reflexivo sobre se, citada equiparação, é capaz de ferir eventual princípio jurídico-legal.

Breve histórico dos direitos dos animais

A preocupação com os animais não é assunto novo e já vem inflamando o campo do Direito há bastante tempo. Ainda na idade média, é possível constatar diversas categorias em que, com o passar do tempo, foram enquadrados os animais, algumas destas remanescendo até os dias hodiernos nas legislações de alguns lugares do mundo. Segundo Chiara Michelle Ramos Moura da Silva (2014), de forma cronológica, inicialmente, os animais ocupavam o mesmo patamar do homem e todas as outras coisas, haja vista a predominância do pensamento cosmocêntrico defendido pelos filósofos pré-socráticos, conhecidos também como "filósofos da natureza". Ainda neste sentido, discorreu Beatriz Mac Dowell:

> (...) os pensadores da Antiguidade nunca separavam sentimento e conhecimento. O sentimento panteísta pré-cristão concebia o cosmos como uma força viva exprimindo-se de igual modo em cada criatura. Portanto, homens e animais compartilhavam qualidades que posteriormente passaram a ser atribuídas exclusivamente aos homens tais como inteligência, razão, sensibilidade. Para o homem antigo, os animais possuíam não apenas qualidades estéticas superiores, mas também faculdades cognitivas e sensitivas extremamente aguçadas como por exemplo uma capacidade de observação e de previsão que nós homens estamos longe de possuir. Muitos pensadores antigos davam uma igual dignidade ontológica a todos os seres vivos (DOWELL, 2008, p. 20).

Mais tarde, este posicionamento seria vencido pelo ideário dos sofistas e socráticos, a colocar os animais como serventes do homem, haja vista a cultura antropocentrista que restou inaugurada e excessivamente disseminada à época.

Um pouco depois, reconheceu-se a capacidade dos animais de sentir dor e prazer, bem como de aprender, entretanto, Aristóteles defendeu que eram seres privados de um mundo espiritual, sendo incapazes de distinguir entre um ato de justiça e um ato de injustiça, não sendo merecedores de considerações morais (ARISTÓTELES, 2001, p. 114), o que, com toda certeza, encorajou ainda mais a cultura dos animais como escravos do homem, perpetuada até os dias atuais, mesmo que menos influente.

Alargando um pouco mais os passos na história, vislumbra-se a classificação do Império Romano, berço do direito brasileiro, em relação aos animais, atribuindo-lhes o *status* de mera coisa, recebendo o mesmo tratamento jurídico dos objetos inanimados e da propriedade privada. Consoante preconiza ALVES (1999, p. 140 -147, apud SILVA, Chiara, 2014):

> (...) duas seriam as classes de animais, a depender do interesse econômico que se tinha sobre eles. Os animais domésticos, de tração e carga eram classificados como *res mancipi*, ou seja, coisa passível de apropriação para fins econômicos e socioculturais. Já os animais silvestres eram classificados como *res nec mancipi*, que significa coisa não passível de apropriação. Num momento posterior, época em que o Império Bizantino preservou a tradição jurídica romana, houve uma modificação dessa forma de classificação dos animais, que passaram a ser considerados como bens móveis e semoventes, conforme previa uma *Constitutio* de Justiniano, do ano de 531 D.C; ou como *res nullius*, coisa de ninguém, a exemplo dos animais silvestres, ou, ainda, *res derelicta*, coisa abandonada por seus proprietários que, renunciando a seu direito de propriedade, possibilitariam que outros viessem a adquirir a propriedade originária.

No entanto, com a inauguração do humanismo moderno, alguns pensadores começaram a lançar opiniões opostas em relação ao tratamento com os animais. Foi o caso dos filósofos Voltaire e Rousseau, por exemplo, que se colocaram contra a opressão dos animais, considerando a equiparação dos animais à máquinas uma extrema pobreza de espírito e a utilização daqueles como experimentos, como uma falta de sensibilidade necessária para o homem, respectivamente. (SILVA, 2014)

No âmbito internacional contemporâneo, por exemplo, houve, ainda em 1978, a promulgação da Declaração Universal dos Direitos dos Animais, que visava estabelecer proteção para estes, a fim de que tenham o reconhecimento e garantias de direitos imprescindíveis à vida, à dignidade e ao amparo contra maus-tratos ou qualquer tipo de crueldade que ignore o seu direito à existência.

Por outro lado, no Brasil, os animais ainda são classificados como "coisas" para o Código Civil de 2002, mesmo com a proteção da fauna e da flora estipulada na Constituição Federal de 1998, o que é considerado, majoritariamente, um atraso em relação às legislações alienígenas, como França e Nova Zelândia que, em grande parte, passaram a reconhecer os animais como "Sencientes".

Segundo esclarecimentos cedidos pela Agência de Notícias de Direitos Animais (2015) em consonância com a Dra. Adriana Cecilio, dizer que um ser é senciente é reconhecer que ele é capaz de sentir e de vivenciar sentimentos como dor, angústia, solidão, amor, alegria, raiva etc. Ainda que exista em tramitação o projeto de lei do Senado Federal de nº 351/2015, cuja aderência está atrelada a esta nomenclatura, modificando o Código Civil, e, não mais considerando os animais como coisas, nenhum aspecto normativo relacionado ainda logrou êxito.

O instituto da guarda no Brasil

Como o próprio sentido etimológico da palavra confirma, guarda é sinônimo de zelo, mantença, proteção e vigilância, que, via de regra, recai sobre os pais de filhos menores, a consubstanciar um dever-direito na convivência dos pais para com os filhos, pressupondo o exercício das funções parentais. (Waldyr Grisard Filho 2005, p. 55). Neste sentido, o instituto da guarda tem o dever não só de garantir o exercício das ações parentais em relação aos filhos, mas também, pressupõe a garantia dos direitos de dignidade e zelo daqueles.

Neste sentido, a guarda preexiste, não sendo evocada apenas quando há, por exemplo, o rompimento da estrutura familiar. Insta mencionar que, para que haja o instituto da guarda, é necessário a existência do poder familiar, que para Maria Berenice Dias (2016) é de caráter irrenunciável, intransferível, inalienável e imprescritível, não podendo um genitor, a guiza de exemplo, renunciar aos filhos.

Neste diapasão, tendo em vista as novas formulações de família existentes no Brasil e, sem desmerecer nenhuma destas, vislumbra-se a família multiespécie, cuja existência significa a implicação de inúmeras situações ainda não tuteladas. A principal característica desta novel modalidade familiar é sua composição ser dada entre animais e humanos, desta forma, é também cediço que animais não humanos são barganhados financeiramente no mercado, doados de bom grado ou até mesmo abandonados, mesmo depois de ocuparem o *status* de membro familiar, renunciando o poder familiar que ora exerciam sobre seus animais de estimação, o que, com toda certeza, não é conduta legal para com os filhos humanos, questionando-se então, se há nestas relações a preponderância do poder familiar, cujo caráter mencionado anteriormente é irrenunciável.

O caso concreto

O divórcio de alguns casais tem trazido para o Judiciário uma questão bastante minuciosa e contemporânea, porém corriqueira, haja vista o crescente número de animais de estimação no Brasil, assim como sua inserção e importância no campo dos novos modelos de família. Está-se a falar das ações que versam sobre a "guarda" de animais adquiridos ou não na constância do casamento, mas que ambas as partes envolvidas nutrem forte afeto.

Foi com uma situação semelhante a esta que a 4º Turma do Superior Tribunal de Justiça se deparou, em meados de maio do corrente ano, com o caso que tramita sob segredo de justiça, o qual discute a possibilidade de aplicar aos animais o mesmo instituto da guarda usado para regulamentar as relações humanas, por equiparação. Segundo apurou a reportagem do G1, o placar de votos estava favorável ao que pleiteava o recurso, que era a permissão de visitas por parte de um dos cônjuges, entretanto, os ministros se posicionaram contra a equiparação dos institutos, tendo sua decisão sido adiada após pedido de tempo para melhor análise do caso.

Decorrido o prazo de adiamento requerido pelos ministros do

STJ para julgamento do caso mencionado alhures, o mesmo teve seu derradeiro veredicto, aos 19 dias do mês de junho deste ano, concretizando, com maioria dos votos, a possibilidade de regulamentação judicial de visitas a animais de estimação após a dissolução de união estável, tendo sido afastadas as alegações que vislumbravam o caso como "mera futilidade", já que se trata de uma problemática cada vez mais recorrente na contemporaneidade e no cotidiano dos tribunais, porém, deixando clarividente a proibição da relação de equiparação dos institutos de guarda de filhos menores à guarda de animais de estimação. (MUNDO JURÍDICO, 2018).

Tais ponderações estão enraizadas no ideário de garantia e preservação da dignidade da pessoa humana, conforme apontou o relator do caso, o ministro Luis Felipe Salomão:

> "Buscando atender os fins sociais, atentando para a própria evolução da sociedade, independentemente do *nomen iuris* a ser adotado, penso que a resolução deve, realmente, depender da análise do caso concreto, mas será resguardada a ideia de que não se está frente a uma 'coisa inanimada', mas sem lhe estender a condição de sujeito de direito. Reconhece-se, assim, um terceiro gênero, em que sempre deverá ser analisada a situação contida nos autos, voltado para a proteção do ser humano e seu vínculo afetivo com o animal." (MUNDO JURÍDICO, 2018)

De forma que, restou a ponderação do Egrégio STJ em decisões desse jaez, em que, aparentemente o caso seria de fácil deslinde, porém, em razão da matéria envolvida dizer respeito à valores humanos atribuídos aos animais, melhor a cautela e prudência do que o afã midiático em atender desejos humanos que podem ter desdobramentos jurídicos em outras searas, a comprometer valores já consolidados.

As propostas legislativas

Neste cenário de litígio acerca dos animais de estimação, há de se pensar que imensuráveis desdobramentos são suscetíveis de eclodir, como, por exemplo, discussões relacionadas a alimentos, pensão e guarda. Com efeito, no Brasil, até o presente momento, não há legislação que verse sobre o tema de forma específica, o que tem feito o ativismo judicial importar a aplicabilidade destes institutos como analogia ao que é aplicado aos seres humanos.

Neste diapasão, ainda em 2010, tramitou na Câmara dos Deputados o Projeto de Lei 7196/10, de autoria do Deputado Márcio França (PSB - SP), tendo como objetivo a regulamentação da guarda de animais de estimação em casos de separação judicial ou divórcio sem acordo entre as partes. Em conformidade com o projeto:

> [...] a guarda fica assegurada a quem comprovar ser o legítimo proprietário do animal, por meio de documento considerado válido por um juiz. Na falta desse registro, a guarda é concedida a quem demonstrar maior capacidade para cuidar do animal. Esse é o tipo de guarda chamada unilateral. No entanto, caso ambas as partes comprovem que podem oferecer um ambiente adequado para o animal, a guarda pode ser compartilhada entre o antigo casal. Nessa hipótese, o juiz deverá estabelecer, em cada caso, as atribuições de cada pessoa no cuidado com o bicho e os períodos de convivência com o animal. Disponível em: http://www.ibdfam.org.br/noticias/namidia/3752/Projeto+regul a+guarda+de+animal+de+estima%C3%A7%C3%3o+em+caso+ de+div%C3%B3rcio

Entretanto, o PL não logrou êxito, mesmo tendo sido aprovado com pareceres positivos durante sua trajetória na Câmara, sendo arquivado por término do mandato de seu propositor.

Não é conciso que seja aplicado a este tipo de litígio os mesmos institutos aplicados aos seres humanos, como uma forma de humanizar expansivamente o animal. Imperioso se faz levantar que não se nega a existência do afeto, tampouco a necessidade de se discutir tais litígios, em relação às garantias que o animal possui enquanto ser vivo e bem quisto; o que se discute é a equiparação análoga pelo Judiciário dos mesmos institutos aplicados nas relações humanas aos animais.

A importância da discussão acerca deste tema funda-se em todas as consequências que esta aplicabilidade análoga pode trazer para as outras searas do Direito, bem como a previsão das condições mediante a referida custódia, quer seja naquilo que tange ao reconhecimento de seus direitos, quer seja nas melhores condições para resolução do conflito sem comprometer outros institutos do Direito.

Vê-se aqui a necessidade de legislação que supra tal lacuna, vez que, conforme nos mostra Kelsen (1998), a ordem normativa perde sua validade quando a realidade não mais corresponde a ela, pelo menos em certo grau. A validade de uma norma jurídica depende da sua concordância com a realidade, ou seja, da sua eficácia para produzir efeitos jurídicos e do evento social que a faça nascer.

Pelo exposto, resta fortalecido o ideário da não aplicabilidade do mesmo instituto da guarda que condiciona as relações humanas em exata e irrestrita analogia aos animais, haja vista o seu conceito de zelo e proteção atrelado ao poder familiar incapaz de ser abdicado, sendo este último, fragilizado nas relações entre homem e animal, quer seja pelas razões capitalistas de venda de animais, quer seja pela crueldade humana em relação aqueles.

Conclusão

Desde o advento da Constituição Federal de 1988 até a ampla legislação ambiental, o Direito Brasileiro tem se mostrado assiduamente protetivo em relação aos animais. É correto dizer que os animais, sejam animais não humanos, sejam animais humanos, apresentam inúmeras características em comum, bem como características fortes que os distinguem. Estas distinções, quando discutidas sob o manto dos animais de estimação, parecem estar cada vez mais vulneráveis e minoradas, o que significa dizer que animais humanos e não humanos estão se tornando cada vez mais próximos ao longo do tempo, frente ao desenvolvimento de laços como afeto, respeito e companheirismo, o que traz à baila a impressão de que o animais de estimação estão cada vez mais humanizados, por assim dizer.

Com efeito, há de se pensar que tais circunstâncias corroborem na seara jurídica relevantes discussões de caráter urgente, posto a legislação brasileira ainda tratar os animais como "coisas" e que, naquilo que tange à custódia nos casos de divórcio, não há dispositivo que regulamente.

Observada a necessidade do Direito de acompanhar as diferentes mutações sociais, a fim de não deixar desamparado nenhum núcleo ou indivíduo, ainda que respeitando a segurança jurídica, é cediço a carência de uma legislação que aborde o referido tema e que faça jus a um olhar que acompanhe a realidade social, levando em conta o afeto existente entre os donos e seus animais, a dignidade destes enquanto sencientes e a não coisificação do ser humano na usabilidade análoga.

Referências

ALVES, José Carlos Moreira. Direito romano. 11. ed. Rio de Janeiro: Forense, 1999, v. I

ANDA. Animais sencientes, você sabe o que isso significa?. Disponível em: <https://www.anda.jor.br/2015/11/animais-sencientes-voce-significa/>. Acesso em: 28 mai. 2018.

ARISTÓTELES. A política. Madrid: Instituto de estudos políticos, 1951. Da alma. Lisboa: Edições 70, 2001

BOBBIO, Norberto, In BOBBIO NO BRASIL: um retrato intelectual. Carlos Henrique Cardim (organizador). Brasília: Editora da Universidade de Brasília, 2001

DECLARAÇÃO UNIVERSAL DOS DIREITOS DOS ANIMAIS. Declaração universal dos direitos dos animais – unesco – onu. Disponível em: <http://www.urca.br/ceua/arquivos/os%20direitos%20dos%20animais%20unesco.pdf>. Acesso em: 28 mai. 2018.

DIAS, Maria Berenice. Manual de Direitos das Famílias. São Paulo, Editora Revista dos Tribunais LTDA 2016.

DIREITONET. Semoventes. Disponível em: <https://www.direitonet.com.br/dicionario/exibir/792/bens-semoventes>. Acesso em: 28 mai. 2018.

DOWELL, Beatriz Mac. Pensar o animal. Revista Brasileira de Direito Animal. Salvador: Editora Evolução, a. 3, n. 04, jan./dez. 2008.

G1. Após pedido de vista, stj adia decisão sobre equiparação da guarda de animal à de filho. Disponível em: <https://g1.globo.com/politica/noticia/apos-pedido-de-vista-stj-adia-decisao-sobre-equiparar-a-guarda-de-animais-a-de-filhos.ghtml>. Acesso em: 29 mai. 2018.

GRISARD FILHO, Waldyr. Guarda compartilhada – um novo modelo de responsabilidade parental, São Paulo: RT, 2005

IBDFAM. Projeto regula guarda de animal de estimação em caso de divórcio. Disponível em: <http://www.ibdfam.org.br/noticias/na-midia/3752/projeto+regula+guarda+de+animal+de+estima%c3%a7%c3%a3o+ em+caso+de+div%c3%b3rcio>. Acesso em: 29 mai. 2018.

KELSEN, Hans. Teoria Geral do Direito e do Estado. Trad. Luiz Carlos Borges. 3a ed. São Paulo: Martins Fontes, 1998.

MUNDO JURÍDICO. STJ garante direito de ex-companheiro visitar animal de estimação após dissolução da união estável. Disponível em: https://mundojuridicoapp.com.br/dicas-de-concurso/jurisprudencia-em-teses/stj-garante-direito-de-ex-companheiro-visitar-animal-de-estimacao-apos-dissolucao-da-uniao-estavel/. Acesso em. 20 jun. 2018.

SILVA, Chiara Michelle Ramos Moura da. Direito animal: uma breve digressão histórica. Conteudo Juridico, Brasilia-DF: 23 jun. 2014. Disponivel em: <http://www.conteudojuridico.com.br/?artigos&ver=2.48729&seo=1>. Acesso em: 31 jul. 2018.

GUARDA COMPARTILHADA DOS ANIMAIS DOMÉSTICOS APÓS A DISSOLUÇÃO DO VÍNCULO CONJUGAL: FAMÍLIA MULTIESPÉCIE E COMPETÊNCIA PARA JULGAMENTO

ANA BEATRIZ PESSÔA BARROS
DIMITRE BRAGA SOARES DE CARVALHO

Introdução

Após a Segunda Guerra Mundial, com os vários movimentos em prol dos Direitos Humanos, ressignificação dos valores e de uma nova dimensão dos seres vivos como um todo - alguns ordenamentos jurídicos passaram a considerar expressamente que os animais não estariam incluídos na designação tradicional e simplista de "coisas", alguns deles foram mais adiante e passaram a conceituá-los como "seres sencientes", que significa dizer que eles são capazes de vivenciar sentimentos e certas experiências afetivas tal qual os seres humanos. A codificação brasileira, entretanto, mantem uma conceituação abstrata, e enquadra, ainda, os animais no conceito de bens móveis do artigo 82 do Código Civil, portanto são considerados como coisa para o Direito brasileiro, sendo possível sua apropriação pelo homem.

Os *pets* ou animais domésticos, por sua vez, tem ganhado cada vez mais espaço nos lares brasileiros, visto que o desenvolvimento do vínculo afetivo, sua acepção teórica e de desdobramentos da afetividade no campo do direito, tem possibilitado afirmar que a relação entre os animais de estimação e seus donos constitui "vínculos de afeto", chegando até a considera-los como parte da família. Por outro lado, famílias são dissolvidas também a todo instante, uma vez que casais se separam todos os dias, às vezes, consensualmente, outras litigiosamente. Mas, o principal, é que as mágoas deixadas pelo fim do relacionamento, por vezes, respingam no discernimento e impedem que o casal tome a decisão mais ajustada. Nesse campo de batalhas, entram os animais de estimação, que ficam tão disputados como aos próprios filhos do casal, uma vez que se estima que, na atualidade, há mais animais de estimação que crianças nos lares brasileiros. Assim, progressivamente, então, o poder Judiciário brasileiro está sendo cada vez mais acionado para se manifestar sobre a guarda dos *pets*, bem como seus desdobramentos jurídicos daí decorrentes.

Neste sentido, o presente trabalho está inserido na ciência do Direito Civil, com enfoque nos modelos de família, na guarda compartilhada e na perspectiva dos animais sob a ótica civilista. Ademais, sua importância encontra-se na tentativa de elucidar sobre a possibilidade da guarda compartilhada dos seres que, em tese, são considerados meros objetos para o ordenamento pátrio, além de tratar sobre o Juízo competente para julgar essas ações. Visto que a presente lacuna é constantemente levada ao judiciário e nesse sentido são obtidos os mais diversos entendimentos.

Para tanto, a metodologia empregada foi a exploratória, visto que utilizamos da pesquisa para o levantamento bibliográfico sobre a guarda compartilhada dos animais. Analisando por meio da lei, doutrina, jurisprudência, trabalhos científicos e notícias sobre o assunto.

Os animais para o direito civil brasileiro

Cumpre lembrar que os animais gozam de proteção constitucional, possível em virtude do artigo 225, inciso VII do capítulo que trata sobre o meio ambiente, o qual impõe "ao Poder Público e à coletividade o dever de defendê-lo e preservá-lo para as presentes e futuras gerações". Por outro lado, o Direito Civil entende que os animais domésticos ou selvagens são semoventes, portanto, *coisas* para o Direito Brasileiro.

Nessa perspectiva, é possível a constatação desta estranha relação que os animais têm para o Direito Brasileiro, pois se por um lado eles são vistos como "uma coisa, um mero objeto de partilha", por outro eles parecem tão importantes a ponto de merecer proteção da lei maior, visto que há no texto constitucional vedação expressa de condutas lesivas ao meio ambiente (incluindo os animais), possível graças o §3º do supramencionado artigo. Ademais, há também a lei nº 9605/98, que em seu artigo 32, tipifica o crime de maus tratos aos animais, penalizando o agente causador em detenção de três meses a um ano e multa, existindo também a forma qualificada, qual seja, a que resulte na morte do animal, que aumentará a pena de um sexto a um terço[42].

Princípio da afetividade como corolário do direito de família

Importante recordar, mais uma vez, que parte da doutrina, composta por renomados juristas, como é o caso de Pablo Stolze Gagliano e Rodolfo Pamplona Filho, defendem que o elemento de reconhecimento da família na contemporaneidade é o vínculo de afeto, ou seja, o liame socioafetivo[43]. Nesse sentido, em decorrência direta da aplicação do princípio da afetividade, seria possível entender que o Direito brasileiro reconhece novas formas de arranjos familiares, desde que esteja configurada nítida a afeição entre os membros do possível núcleo familiar.

Portanto, é sob a ótica deste princípio que a denominada *Família Multiespécie* ganha corpo e fundamento, uma vez que as pessoas estão cada vez mais afeiçoadas aos animais domésticos. E nessa perspectiva, a Doutora em Psicologia pela USP, Giselle Câmara Groeninga, explica que a crescente valorização aos animais se dá em razão da busca de compensação de *"vazios existenciais"* que as pessoas desse século têm vivenciado[44]. Portanto, é comum que

[42] "Ora, a legislação brasileira classifica os animais silvestres como bem de uso comum do povo, ou seja, um bem difuso indivisível e indisponível, já os domésticos são considerados pelo Código Civil como semoventes passíveis de direitos reais. A natureza jurídica dos mesmos em nossa legislação constitui um grande obstáculo para um raciocínio diferente daquele que está arraigado na consciência popular, ou seja, o animal é um bem, seja da coletividade, seja propriedade particular" DIAS, Edna Cardoso. Os animais como sujeitos de Direito. Esta ligação estaria moldada, sobretudo, ao prin Disponível em: https://portalseer.ufba.br/index.php/RBDA/article/viewFile/10243/7299 . Acesso em: 10/07/2018.

[43] GAGLIANO, Pablo Stolze. Novo curso de direito civil, volume VI: Direito de família- As famílias em perspectiva constitucional/ Pablo Stolze Gagliano, Rodolfo Pamplona Filho. São Paulo. Saraiva, 2012.

[44] O DIREITO DOS ANIMAIS E O HUMANO, DEMASIADO HUMANO. Por Giselle Câmara Groeninga. CONJUR. Disponível em: https://www.conjur.com.br/2017-jul-23/processo-familiar-direito-animais-humano-demasiado-humano . Acesso em: 08/07/2018.

Afetividade. Nessa perspectiva, há de se ressaltar a importância que os animais têm tido nos lares brasileiros, chegando até a serem disputados como aos próprios filhos durante a dissolução do vínculo conjugal.

A posição da jurisprudência sobre o tema

Segundo as lições de Francesco Ferrara, a analogia se apresenta como a "harmônica igualdade, proporção e paralelismo (paragone) entre relações semelhantes", e "esta essência do método analógico faz com que a ele se possa recorrer independentemente de autorização do legislador" [45]. Nessa senda, a jurisprudência passou a enfrentar a questão delicada da guarda dos animais de estimação, tomando por base as regras acerca da previsão do Código Civil sobre *"Proteção da Pessoa dos Filhos"* que vem sendo utilizada, com algumas ressalvas, para disciplinar as relações entre os animais domésticos e seus donos/pais.

Nesse sentido, boa parte dos tribunais tem utilizado por analogia essa legislação que é pertinente à guarda dos filhos e está disciplinada nos artigos 1.583 e seguintes do Código Civil Brasileiro. É o caso da 10ª Câmara de Direito Privado do Tribunal de Justiça do Estado de São Paulo (TJSP), que em 2016 entendeu a possibilidade da guarda alternada para os *pets*. Em seu voto, o Relator Carlos Alberto Garbi elucidou que os animais domésticos não devem ser considerados como coisa ou mero objeto de partilha nos casos de dissolução do vínculo conjugal, uma vez que é um ser *senciente* e, portanto, merece a tutela dos seus interesses pelo Estado[46].

Já em decisão mais recente, do ano de 2017, a 8ª Turma Cível do Tribunal de Justiça do Distrito Federal e Territórios (TJ-DF), entendeu que os animais são semoventes para o Direito Civil, assim sendo, só devem ser compartilhados, caso reste configurado que

[45] FERRARA, Francesco (1987). Interpretação e aplicação das leis. 4. ed. Coimbra: Armênio Amado.

[46] BRASIL. Tribunal de Justiça do Estado de São Paulo. Guarda e visitas de animal de estimação. Separação Judicial. Relator Carlos Alberto Garbi. Voto número 20,626- Digital. Voto vencedor.

[47] BRASIL. Tribunal de Justiça do Distrito Federal e Territórios. Agravo de instrumento. Guarda-Compartilhada. Instituto do Direito de Família. Aplicação aos animais de estimação. Discórdia acerca da posse dos bichos. Ausência de

Naquela oportunidade havia mais uma minúcia, vez que não tinha ainda sido realizado o reconhecimento da união estável do casal. Decidiu-se, então, que deveria ser analisado primeiro o conjunto probatório que indicasse ou não o referido vínculo, para depois decidir quais os bens do casal que deveriam ser partilhados. Posteriormente, o animal de estimação. Porém como *coisa* e não como ser familiar passível de compartilhamento.

Os doutrinadores Rolf Madaleno e Pablo Stolze, em volumes distintos, não discutem a questão, mas ambos disciplinam que os animais são classificados como frutos naturais na partilha dos bens percebidos na constância do casamento. Em tal perspectiva eles se referem a animais de campo, quais sejam os de rebanho ou mesmo unitário (boi, cabra, cavalo etc.). Não comentando, portanto, sobre os *pets* e os vínculos de afeto que surgem de relações domésticas.

Nesse contexto, a Família Multiespécie, segundo a Doutora Marianna Chaves, já tem o reconhecimento pela sociedade. No entanto, ela diz que é preciso que se construa uma legislação específica, não igual ao estatuto da criança ou do adolescente, mas disciplina que "(...) *o mais importante é que a 'guarda' ou a posse do pet seja outorgada à pessoa que revele maior habilidade e intenção em genuinamente cuidar do animal, de forma afetiva e responsável"* [48].

Ademais, a guarda compartilhada nesses casos, assim como acontece para as crianças e adolescentes, continua sendo a prioridade para solução desse conflito de interesses entre os ex-cônjuges, como disciplina a Lei nº 13.058/14. Portanto, caso um dos interessados renuncie a este direito ou que seja impossível à possibilidade desta modalidade de guarda, por exemplo, quando estes residirem em cidades distintas, opta-se pelas demais espécies de guarda, quais sejam: a unilateral ou alternada.

A questão da competência para julgamento nos casos de guarda dos animais domésticos

plausibilidades de solução ao Antagismo de tutela impossibilidade. 2052614 e 52.2018.8.26.0000, a 7ª Câmara de Direito Privado do Tribunal de Acórdão. 4 de maio de 2017. Voto vencedor.
[48] CHAVES, Marianna. *Disputa de Guarda de Animais de Companhia em Sede de Divórcio e Dissolução de União Estável: Reconhecimento da Família Multiespécie?.* Revista de Direito UNIFACS. Salvador- Bahia. Edição nº187. Janeiro de 2016.

Justiça do Estado de São Paulo decidiu no sentido de aplicar por analogia os casos de disputa entre o casal após a dissolução do vínculo conjugal em relação aos filhos crianças ou adolescentes e, portanto, manteve como juízo competente para julgamento da "posse compartilhada e visitação" do *pet* em questão, o Juízo da Vara de Família e Sucessões onde estava em trâmite a dissolução da união estável do casal, e não o Juízo Cível.

Para tanto, o Relator da corte paulista, José Rubens Queiroz Gomes argumentou que os animais domésticos são adquiridos com a função de proporcionar afeto, e não riqueza patrimonial. No entanto, ressaltou que *"a guarda e as visitas devem ser estabelecidas no interesse das partes, não do animal, pois o afeto tutelado é o das pessoas"*.

Dessa forma, temos um entendimento no mínimo curioso, uma vez que foi utilizada por analogia uma norma dirigida às pessoas naturais, porém com uma alteração que muda ou relativiza a função protecionista daquele diploma. Assim sendo, diferentemente do que acontece com os filhos do casal após o fim do relacionamento, os animais não têm direito de escolha ou de oportunidade, porque o que estará em xeque para a concessão da guarda compartilhada será a disponibilidade das pessoas capazes, ou seja, dos donos do *pet*.

A mencionada questão chegou ao Superior Tribunal de Justiça – STJ, onde a quarta turma decidiu no sentido de garantir o direito de visita ao animal de estimação após a separação. Por outro lado, não foi uma decisão unânime. O Relator, ministro Luis Felipe Salomão, alegou que a problemática não se trata de uma futilidade analisada pela corte, mas sim de uma questão decorrente do mundo pós-moderno, que deve ser examinada pelo lado da afetividade em relação ao animal quanto pela necessidade de preservação dele[49].

Esta decisão, por sua vez, não alterou a condição jurídica de semovente do animal, mas concluiu que tais *pets* não podem mais serem considerados seres inanimados, em virtude da peculiaridade das relações afetivas desenvolvidas entre humanos e animais. Portanto, restou consolidado o argumento jurídico da aplicação do princípio a dignidade da pessoa humana ao caso. A decisão fixou o direito de convivência do ex-cônjuge com a cadela em finais de semana, feriados e festas de final de ano, além de

---

[49] BRASIL. Superior Tribunal de Justiça. Guarda e visitas de animal de estimação. Relator Luis Felipe Salomão. Voto vencedor. REsp. 1.713.167.

poder levar o animal ao veterinário, juntamente com a sua ex-mulher.

O Instituto Brasileiro de Direito de Família – IBDFAM, já havia aprovado o enunciado de nº. 11, durante a realização do X Congresso Brasileiro de Direito de Família, estabelecendo que "na ação destinada a dissolver o casamento ou a união estável, pode o juiz disciplinar a custódia compartilhada do animal de estimação do casal". Ademais, vale mencionar que há Projetos de Lei no Brasil que pretendem regulamentar a matéria, que ainda paira em níveis muito altos de subjetividade. Seria possível, por exemplo, alegação de que um fazendeiro estabelece com seu rebanho uma relação de afeto própria de "animais de estimação"? A vida útil do animal deve ser considerada como elemento de definição da guarda? Como estabelecer o grau de vinculação afetivo entre o proprietário e o bicho? São todas questões de alta complexidade e de difícil resolução prática.

Em igual senda, parece indiscutível que, uma vez regulamentada a guarda do animal de estimação, outros direitos atinentes ao Direito de Família deverão ser estendidos aos *pets*, como o Direito de Alimentos ou, analogicamente, a autoridade parental.

Ademais, é importante lembrar-se da morosidade do judiciário, que segundo as palavras do renomado jurista baiano Ruy Barbosa: *"A justiça atrasada não é justiça, senão injustiça qualificada e manifesta".* Assim sendo, é oportuno mencionar que segundo dados do Conselho Nacional de Justiça, o congestionamento de processos em 2014 era de 80%, tendo em vista os processos que tramitam no primeiro grau de Justiça Estadual (excluídos os Juizados Especiais)[50].

Assim sendo e considerando que as questões de que envolvem Direito de Família se passam, mormente, na Justiça Estadual, é conclusivo que o problema que gira em torno da morosidade da Justiça atinge também as referidas Varas de Família. Este julgado, portanto, concede a estes juízos mais demandas ainda, uma vez que, segundo dados da Associação Brasileira da Indústria de Produtos para Animais de Estimação (ABINPET), o Brasil ocupa o ranking de 4º maior país do mundo em população total de animais de estimação[51]. Assim sendo, as demandas judiciais a partir

---

[50] PRIORIZAÇÃO DO 1º GRAU DA JUSTIÇA. CNJ. Disponível em: http://www.cnj.jus.br/programas-e-acoes/politica-nacional-de-priorizacao-do-1-grau-de-jurisdicao/dados-estatisticos-priorizacao . Acesso em: 08/08/2018.

[51] MERCADO PET BRASIL 2018. ABINPET. Disponível em:

desse entendimento podem aumentar consideravelmente.

Esses dados chegam a nos assustar e fazer algumas ponderações de ordem moral, uma vez que se considerar que existe um trâmite legal para a solução de um litígio, existe também a possibilidade da guarda de um animal ser priorizada em relação à guarda de um menor. Nesse sentido, coloca-se em questão dois seres *sencientes*, porém com importâncias sociais completamente distintas. Porque as crianças e os adolescentes podem ter cruelmente sua personalidade afetada diante de uma situação como esta, diferentemente dos animais.

Possibilidade de um estatuto que discipline a matéria

Outros seres, por muito tempo, já foram considerados coisas para o direito, tais como crianças, negros e mulheres. No entanto, com o passar do tempo adquiriram personalidade jurídica e proteção estatal. Neste sentido, pode-se dizer que não é impossível que os animais possam um dia chegar ao patamar de membro da família, com tutela de direitos e um estatuto próprio regulamentado pelo Direito. Mas enquanto essas relações não são regulamentadas, utiliza-se mormente do instituto da analogia para disciplinar esses casos.

Tendo isso em vista, há quem defenda que os animais não são *res*, mas também não são sujeitos, portanto, tomam o status jurídico próprio de *tertium genus*, ou seja, uma "terceira classe". Por isso, coadunam com a ideia de criação de um estatuto próprio que reconheça a modalidade da Família Multiespécie e discipline essas relações, a fim de que não se tenha que ir ao judiciário pleitear tal assunto.

Sobre isso, a já mencionada Doutora Marianna Chaves compartilha do mesmo entendimento e argumenta que: "Analogamente a muitas crianças, mormente aquelas de tenra idade, os animais de companhia possuem necessidades complexas, que são incapazes de expressar. Para defender o reconhecimento da personalidade dos animais, alguma doutrina norte-americana sustenta que os tribunais já reconheceram outras entidades não humanas, como possuidoras de personalidade jurídica, tais como os navios e corporações, muitas vezes denominadas de pessoas jurídicas. Obviamente, os tribunais limitaram o alcance dos direitos

http://abinpet.org.br/site/mercado/ . Acesso em: 08/07/2018.

dessas entidades não humanas, não equiparando-os aos direitos das pessoas naturais. Contudo, a possibilidade de se tratar essas entidades como pessoas em alguns aspectos, mas não em outros, sugere que os tribunais poderiam outorgar estatuto de pessoa ou personalidade aos animais, para determinados fins." [52]

Por fim, é importante considerar que as maneiras de autocomposição podem ser utilizadas para resolução de conflitos dessa natureza, evitando que todo um aparato judicial seja acionado, causando ônus desnecessário ao erário público. Além da impossibilidade de prioridade da resolução da guarda de animais frente à guarda de crianças e adolescentes.

Visão de portugal sobre a questão

O nosso ordenamento jurídico tem raízes portuguesas, porém Portugal já avançou muito em relação ao Brasil no sentido de reconhecer o direito dos animais, uma vez que possui um estatuto jurídico próprio criado em 2017, que alterou o status jurídico de *res* que os animais possuíam, reconhecendo-os como "seres vivos dotados de sensibilidade e objeto de proteção jurídica".

O mencionado estatuto se apresenta sob a Lei nº 8/2017 do ordenamento jurídico português e disciplina em uma das alterações ao Código Civil a criação do artigo 1793.º-A, que diz: "Os animais de companhia são confiados a um ou a ambos os cônjuges, considerando, nomeadamente, os interesses de cada um dos cônjuges e dos filhos do casal e também o bem-estar do animal." [53].

Visto isso, fica claro o reconhecimento da família Multiespécie, no entanto, diferentemente da legislação que trata da guarda das pessoas naturais, não é considerada a vontade do animal, como acontece com as crianças e os adolescentes, uma vez que é levada em consideração apenas a vontade, a disponibilidade, os recursos entre outros fatores, no que dizem respeito aos donos do animal.

Conclusões

Diante de tudo que foi exposto, vimos no presente trabalho que

---

[52] CHAVES, Marianna. *Disputa de Guarda de Animais de Companhia em Sede de Divórcio e Dissolução de União Estável: Reconhecimento da Família Multiespécie?*. Revista de Direito UNIFACS. Salvador- Bahia. Edição nº 187. janeiro de 2016.

[53] PORTUGAL. Lei n. 8, de 3 de março de 2017. Estabelece um estatuto jurídico dos animais. Emissor: Assembleia da República, mar. 2017.

a legislação acompanha o tempo. Nesse sentido, mulheres, crianças e negros não foram considerados por muito tempo seres dotados de direitos. No entanto, a conjuntura da época mudou e o ordenamento jurídico de muitos países acompanhou essas mudanças. Dessa forma, alguns estudiosos empregam esses casos por analogia em favor dos animais.

Portanto, é sabido que muito já foi galgado para a proteção dos animais. No entanto, alguns ordenamentos, como o brasileiro, ainda se mantêm firmes em considerar os animais como semoventes, logo coisas. Tendo isso em vista, a falta de uma classificação exata e de uma legislação específica tem colocado a problemática da guarda dos *pets* nas mãos do Judiciário. Inclusive, entendendo que o Juízo competente para julgar essas ações seria a Vara de Família.

O resultado disso é uma consequente inflação nas demandas judiciais, uma vez que temos entendimentos jurisprudenciais para todos os gostos e que boa parte da doutrina do país é silente sobre o assunto. Assim sendo, estudos científicos sobre a problemática têm ganhado corpo e também muitas interpretações que, por sua vez, merecem ser discutidas, a fim de chegar-se a maneira mais adequada para tutelar os direitos dos animais. Inclusive, para preservar o novo modelo de família chamado de Multiespécie.

Nesse sentido, H. S. Salt em 1894 previa que "somente a difusão do mesmo espírito democrático permitirá que os animais gozem dos 'direitos' pelos quais até os homens lutaram, por tanto tempo, em vão. A emancipação humana da crueldade e da injustiça trará consigo, no devido tempo, a emancipação também dos animais. As duas reformas estão inseparavelmente vinculadas, e nenhuma pode ser plenamente realizada sem a outra" [54].

Visto isto, é preciso dizer que este tempo chegou para muitos lugares do mundo, como é o caso de Portugal. Assim, é notória a importância dos animais não só nos lares brasileiros, mas nos lares de todo o mundo. Motivo pelo qual é incontestável a necessidade de uma legislação adequada que reconheça o modelo de família *Multiespécie* também aqui no Brasil, além do reconhecimento do status jurídico dos animais. Portanto, pode-se dizer que esta medida evitaria que essas demandas continuassem indo ao judiciário,

[54] "Cruelties of Civilization", extraído de REFFH, Thomas. *O Homem e o Mundo Natural.* 3ª ed. São Paulo: Companhia. das Letras, 1996, p.221.

obstruindo-o ainda mais.

MULTIPARENTALIDADE E O MELHOR INTERESSE (DOS PAIS) DA CRIANÇA

CAMILLA DE ARAUJO CAVALCANTI

Introdução

A constitucionalização da família abriu um horizonte de possibilidades para sua democratização. No artigo 226 da Constituição Federal constata-se, expressamente, 2 modelos de famílias diferentes da tradicional composta por pai e mãe e filhos biológicos: a união estável (§3º), definida como a união duradoura, ostensiva e cuja intenção é a constituição de família, independentemente da formalização legal, e a monoparental, composta por um dos pais e descendentes (§4º).

Neste mesmo preceito, com a Emenda Constitucional nº 66/2010, é facultado o divórcio direto como forma de dissolução do casamento, dispensada a separação judicial por 2 anos antes da decretação da dissolução do vínculo conjugal. Tudo isto para contextualizarmos a possibilidade de recasamentos e constituição de novas famílias com consequências insertas no parentesco.

É que se abriu a possibilidade para a formação de famílias, a exemplo do modelo mosaico, nas palavras de DIAS (2013, p.56), "os meus, os teus, os nossos", vale dizer, novas famílias que se formam, embora decorrentes de casamentos prévios dissolvidos. Os novos cônjuges, ou conviventes, com filhos das uniões anteriores, unem-se num único e novo núcleo familiar, com a presença dos filhos unilaterais e filhos comuns, na sua maioria.

Essas relações entre padrastos e enteados estreitam-se de forma a repercutir consequências juridicamente relevantes, a despeito do reconhecimento dessa relação como paterno-filial, com todas as consequências daí decorrentes, em obediência ao princípio do melhor interesse da criança.

Todavia, a mitigação deste princípio vem sendo observada e

outros interesses atendidos, como os meramente patrimoniais ou existenciais, razão pela qual prosseguiremos nosso objetivo de estudo. A pesquisa do tipo bibliográfica é de crucial importância para fundamentar a possibilidade do reconhecimento da multiparentalidade, atrelada a isto a análise jurisprudencial dos casos em concreto, sobretudo dos Tribunais Superiores. O método indutivo também será utilizado como forma da obtenção dos resultados e conclusões do estudo.

O parentesco – uma análise do contexto legal para reconhecimento do vínculo socioafetivo

O parentesco natural ou biológico, deriva da relação paterno filial com origem consanguínea. Difere do parentesco civil pela ausência do vínculo biológico, além de que o parentesco civil é constituído, por exemplo, pela adoção. Ressalte-se que a forma de procriação medicamente assistida também converge para a construção do parentesco. A depender da prática escolhida, poderá ter origem consanguínea, quando do uso da técnica por inseminação artificial homóloga, procedimento no qual se utiliza fecundação em laboratório, com material genético do casal, ou heteróloga, quando utilizada apenas material genético de um dos pais. Há o recurso da gestação por substituição, além do reconhecimento voluntário de filho, feito no registro de nascimento da criança, prática conhecida popularmente como adoção à brasileira.

É importante referir que as técnicas de procriação assistida, e a gestação de substituição (cessão temporária do útero) não possuem previsão legal. São práticas possíveis, todavia, seguem padrões em normativas do conselho Federal de Medicina, Resolução n°: 2.168/20172[55], na qual também é incluída a possibilidade de Reprodução assistida post mortem.

Os reflexos da reprodução humana, assistida, ou não, repercutem, diretamente no Direito. Estes esclarecimentos breves postos, elucidam as várias possibilidades de surgimento do parentesco, incluído o socioafetivo.

Constatadas, portanto, situações de posse de estado de filho, ~~decisões judiciais deferem a possi~~bilidade de constituição do

[55] Disponível em: https://sistemas.cfm.org.br/normas/visualizar /resolucoes/BR/2017/2168.. Acesso em: 02.ago.2018

parentesco através da socioafetividade, abrangida no termo "outra origem" prescrita no artigo 1.593 do Código Civil.

Alguns requisitos são essenciais e determinantes para a constatação do laço afetivo que possa existir entre o pretenso pai e pretenso filho, que decorrerá no parentesco pela socioafetividade. O comportamento recíproco e a identificação daquele vínculo como pai/mãe e filho (a) deve ser acompanhado do tratamento, nome e fama ou ostensibilidade da relação.

Em outra oportunidade, pontuamos, em CAVALCANTI (2016, p. 56), o que faculta o reconhecimento da multiparentalidade:

> é o uso do patronímico do pai/mãe, a exteriorização da prática do afeto recíproco, dos cuidados, de forma perene, não eventual. O agir "como se filho fosse" e "como se pai fosse" é que repercute na órbita do reconhecimento da paternidade socioafetiva, e na defesa da multiparentalidade como melhor interesse da criança.

Tudo isto asseverado por LOBO (2012, p.30), para quem, "a paternidade socioafetiva é gênero do qual são espécies a paternidade biológica e a paternidade não biológica".

É, portanto, considerar que o parentesco é natural ou civil, conforme resulte da consanguinidade ou outra origem, diante da letra do artigo já referido 1.593 do Código Civil, que o aplicador da lei vislumbrou um horizonte mais abrangente para o parentesco pela socioafetividade. A análise teleológica da norma faz considerar que os antigos chamados "filhos de criação" possam de fato sê- los não somente na esfera fática, mas com contornos legais.

Recorde-se a relação entre as clássicas estórias infantis nas quais as madrastas eram vistas como inimigas de seus enteados. Com os tempos pós-modernos, a virada dessas relações dá ensejo a uma forma de parentesco, fundamentado na socioafetividade. Há, inclusive, dever de manutenção dos enteados quando constatada a dependência econômica em relação aos padrastos.

Em Portugal, o Código Civil é expresso neste sentido, quando prevê a possibilidade da obrigação dos padrastos em prestarem alimentos aos enteados, quando dependem deles economicamente e haja falecimento dos pais biológicos, nos termos do artigo 2009º (2016, p. 374):

> Artigo 2009º - Pessoas obrigadas a alimentos

> Estão vinculados à prestação de alimentos, pela ordem indicada:

[...]

f) O padrasto ou madrasta, relativamente a enteados menores que estejam, ou estivessem no momento da morte do cônjuge, a cargo deste.

É uma obrigação em última instância, todavia, é possível. Para o caso brasileiro, o reconhecimento da filiação, mesmo por origem socioafetiva, é ato irrevogável, em obediência ao que reza o artigo 1.610 do Código Civil brasileiro, aplicados todos os efeitos da paternidade, como direitos e obrigações, responsabilidades parentais etc.

Há casos em que o reconhecimento da paternidade/maternidade socioafetiva acontece mesmo em havendo registro dos pais biológicos na certidão de nascimento da criança ou do adolescente. A concomitância dos vínculos entre pais biológicos e afetivos vem sendo prática corriqueira no Brasil, a constituir um fenômeno da multiparentalidade, o qual dedicaremos nossa atenção no tópico que segue.

Multiparentalidade: causase consequências para reconhecimento

Vinculamo-nos aos nossos familiares através do parentesco, reconhecidamente o natural, o elo sanguíneo. Com a proibição da diferenciação entre filhos legítimos e ilegítimos, e, mais ainda, com a possibilidade da adoção, a relação de parentesco alargou-se para o reconhecimento do parentesco civil, onde se aloca o conceito de multiparentalidade, fundado no parentesco através do vínculo socioafetivo.

Consiste esta possibilidade na concomitância, na certidão de nascimento, de 2 (dois) pais e/ou 2 (duas) mães registrais, através da retificação do registro civil. Para este procedimento, a via judicial é a adequada quando se trata de crianças e adolescente memores de 18 (dezoito) anos. Para as pessoas capazes, após a Resolução nº 63 do Conselho Nacional de Justiça, é possível o reconhecimento voluntário da socioafetividade diretamente no cartório, aonde serão feitas as anotações no registro civil do filho a ser reconhecido.

A este último procedimento, não dedicaremos maiores atenções, a não ser a menção a esta possibilidade, porque longe do nosso desiderato aqui posto.

Portanto, para a caracterização da multiparentalidade, em se tratando de crianças e adolescentes, o procedimento é o judicial, com a participação do Ministério Público no feito. É possível nas Ações de investigação de paternidade quando já há pai ou mãe registral e se acrescenta o pai biológico no registro de nascimento da criança, o que enseja sua retificação.

A via oposta também é possível. Intenta-se Ação de reconhecimento de paternidade/maternidade socioafetiva, pedido cumulado com a retificação do registro civil, nos casos em já há registro dos pais biológicos. Neste caso, é imperiosa a prova inequívoca do vínculo afetivo, a posse de estado de filho, o comportamento ostensivo, duradouro, e com a intenção de ser pai/mãe e filho.

Verificada, portanto, esta conditio sine qua non, há a constituição do vínculo paterno/materno- filial, com todas as consequências inerentes, vale dizer, é pai/mãe para todos os efeitos, incluindo os sucessórios. Deve prestar alimentos, caso haja o preenchimento dos requisitos ensejadores da obrigação, também deve prestar consentimento para casamento, responsabilização conjunta e o exercício dos direitos e deveres do pai e da mãe que não vivam sob o mesmo teto, concernentes ao poder familiar dos filhos comuns, promoção da saúde, educação, dignidade do filho reconhecido, etc. Os efeitos sucessórios também serão inerentes. Uma vez reconhecida a multifiliação, os efeitos sucessórios devem ser aplicados na forma do artigo 1.829 do Código Civil, eis que se forma um vínculo entre ascendente e descendente, herdeiro necessário, portanto, isto de acordo com o asseverado por MELLO (2018, p. 96) e CAVALCANTI (2016, p 76-78) e decisão do STJ quando da análise do Resp. 1.274.240/SC, cuja transcrição da ementa é válida:

> FAMÍLIA. FILIAÇÃO. CIVIL. RECURSO ESPECIAL. AÇÃO DE INVESTIGAÇÃO DE PATERNIDADE E PETIÇÃO DE HERANÇA. VÍNCULO BIOLÓGICO. PATERNIDADE SOCIOAFETIVA. IDENTIDADE GENÉTICA.ANCESTRALIDADE. DIREITOS SUCESSÓRIOS. ARTIGOS ANALISADOS: ARTS. 1.593; 1.604 e 1.609 do Código Civil; ART. 48 do ECA; e do ART. 1º da Lei 8.560/92. [...]
>
> 2. Discussão relativa à possibilidade do vínculo socioafetivo com o

pai registrário impedir o reconhecimento da paternidade biológica. 3. A maternidade/paternidade socioafetiva tem seu reconhecimento jurídico decorrente da relação jurídica de afeto, marcadamente nos casos em que, sem nenhum vínculo biológico, os pais criam uma criança por escolha própria, destinando-lhe todo o amor, ternura e cuidados inerentes à relação pai-filho.

4. A prevalência da paternidade/maternidade socioafetiva frente à biológica tem como principal fundamento o interesse do próprio menor, ou seja, visa garantir direitos aos filhos face às pretensões negatórias de paternidade, quando é inequívoco (i) o conhecimento da verdade biológica pelos pais que assim o declararam no registro de nascimento e (ii) a existência de uma relação de afeto, cuidado, assistência moral, patrimonial e respeito, construída ao longo dos anos. 5. Se é o próprio filho quem busca o reconhecimento do vínculo biológico com outrem, porque durante toda a sua vida foi induzido a acreditar em uma verdade que lhe foi imposta por aqueles que o registraram, não é razoável que se lhe imponha a prevalência da paternidade socioafetiva, a fim de impedir sua pretensão. 6. O reconhecimento do estado de filiação constitui direito personalíssimo, indisponível e imprescritível, que pode ser exercido, portanto, sem qualquer restrição, em face dos pais ou seus herdeiros. 7. A paternidade traz em seu bojo diversas responsabilidades, sejam de ordem moral ou patrimonial, devendo ser assegurados os direitos sucessórios decorrentes da comprovação do estado de filiação. 8. Todos os filhos são iguais, não sendo admitida qualquer distinção entre eles, sendo desinfluente a existência, ou não, de qualquer contribuição para a formação do patrimônio familiar. 9. Recurso especial desprovido.

Isto posto, é de se reconhecer também os efeitos sucessórios em relação ao pai/mãe e filho reconhecido, pela via da afetividade, ou não, mesmo porque criado o vínculo paterno/filial, nas linhas ascendente e descendente, herdeiros necessários, portanto.

Retomamos a questão da irrevogabilidade do reconhecimento de filho. Uma vez constituído o vínculo, não é possível sua revogação, sob pena de incorrer no venire contra factum proprium, mais ainda, é uma decisão, não se olvide, que repercute na esfera de crianças e adolescentes, uma hipótese que atende ao seu melhor interesse, atentos ao que a própria Constituição Federal prevê, vale dizer, a relação de parentesco independe da origem genética.

A jurisprudência sobre o tema – multiparentalidade e o

objetivo desviado

O número de demandas da natureza da multiparentalidade assola o Judiciário. Tanto assim é verdade que o Conselho Nacional de Justiça editou o Provimento n° 63 do, o qual possibilita, entre outras providências, o reconhecimento de paternidade socioafetiva a ser realizado diretamente no cartório de registro de pessoas naturais. Este procedimento é deferido aos interessados maiores e capazes.

Ponto de crucial preocupação é a proposta de demandas no judiciário com o subterfúgio de persecução do melhor interesse dos pais em detrimento do que de fato interessa à criança. Aspectos patrimoniais ou interesses pessoais dos pais tem levado à busca de um reconhecimento de paternidade-maternidade, sobretudo após a praticidade deste reconhecimento a ser realizada nos cartórios de registro de pessoas naturais.

Para ser deferida a retificação do registro civil de crianças e adolescentes com acréscimo do patronímico materno ou paterno, pela relação da sociofetividade, constata-se a premente necessidade e preocupação dos magistrados no convencimento de que o vínculo é real e concreto:

> APELAÇÃO CÍVEL. INVESTIGATÓRIA DE PATERNIDADE. RECONHECIMENTO DO VÍNCULO BIOLÓGICO E PRESERVAÇÃO DA PATERNIDADE REGISTRAL PRÉ-EXISTENTE SOCIOAFETIVA. MULTIPARENTALIDADE. INEXISTÊNCIA DE DEFEITO DE CONGRUÊNCIA
>
> ENTRE PEDIDO E SENTENÇA. [...] Nesse passo, estando bem provada a relação de afeto existente entre a menor e o pai registral socioafetivo, a sentença que reconheceu a paternidade biológica, preservando a paternidade registral pré- existente, julgou conforme a jurisprudência da Corte, pois possível e adequado o reconhecimento da dupla paternidade (multiparentalidade), em casos como o presente. NEGARAM PROVIMENTO. (Apelação Cível N° 70076327162, Oitava Câmara Cível, Tribunal de Justiça do RS, Relator: Rui Portanova, Julgado em 28/06/2018).
>
> (TJ-RS - AC: 70076327162 RS, Relator: Rui Portanova, Data de Julgamento: 28/06/2018, Oitava Câmara Cível, Data de Publicação: Diário da Justiça do dia 06/07/2018). (grifamos)

Neste recente julgado, o Tribunal de Justiça do Rio Grande do Sul, constatou-se bem provada relação socioafetiva da criança e resolveu-se, na ação de investigação de paternidade, acrescentar o nome do pai biológico no registro de nascimento da criança. O nome do pai socioafetivo, pré-existente ao documento, não impedira o reconhecimento do vínculo biológico da criança, situação na qual poderá haver crescente relação dela com o genitor. Esta é a razão do melhor atendimento de seu interesse.

O Tribunal de Justiça do Estado da Paraíba converge nas decisões de vanguarda quando o assunto é multiparentalidade e defere, de acordo com o julgado do Relator Romero Marcelo da Fonseca Oliveira (Órgão Julgador: 4ª Câmara Especializada Cível, Data de Julgamento: 12-09-2017), a seguinte solução:

> EMENTA: AÇÃO ANULATÓRIA DE REGISTRO CIVIL DE MENOR. PATERNIDADE BIOLÓGICA DO FILHO FALECIDO DOS AUTORES. VÍNCULO SOCIOAFETIVO DO ATUAL ESPOSO DA MÃE BIOLÓGICA. PROCEDÊNCIA PARCIAL. RECONHECIMENTO DAS PATERNIDADES GENÉTICA E SOCIOAFETIVA. RETIFICAÇÃO DE ASSENTO CIVIL. APELAÇÃO. PRELIMINAR DE ILEGITIMIDADE ATIVA AD CAUSAM. PRETENSÃO DE ANULAÇÃO DE REGISTRO DE NASCIMENTO COM FULCRO ART. 1.604 DO CIVIL. LEGITIMIDADE ATIVA DE QUEM TEM INTERESSE MORAL OU ECONÔMICO NA DECLARAÇÃO DE NULIDADE DO ASSENTAMENTO. AVÓS PATERNOS. POSSIBILIDADE. REJEIÇÃO. MÉRITO. INFANTE REGISTRADO POR QUEM NÃO É O PAI BIOLÓGICO. TESE DA PREVALÊNCIA DA PATERNIDADE SOCIOAFETIVA EM DETRIMENTO DA BIOLÓGICA. NOVO PARADIGMA ADOTADO PELO STF EM SEDE DE REPERCUSSÃO GERAL. MULTIPLICIDADE DE VÍNCULOS PARENTAIS. POSSIBILIDADE DE RECONHECIMENTO CONCOMITANTE. PATERNIDADE BIOLÓGICA RECONHECIDA E PATERNIDADE REGISTRAL MANTIDA. (Relator: DES. ROMERO MARCELO DA FONSECA OLIVEIRA.
>
> Órgão Julgador: 4ª Câmara Especializada Cível. Data de Julgamento: 12-09-2017.)

Em outro julgado, reconheceu-se a dupla maternidade de uma

criança, em seu assento civil, na hipótese de procriação assistida realizada por casais homoafetivos:

> Registro Civil. Averbação de dupla maternidade de filha de mãe biológica que mantém união estável com a outra autora e que planejaram juntas a gravidez por inseminação artificial de doador anônimo. Considerações sobre decisões do STJ e do STF que recomendam não mais criar óbice quanto ao reconhecimento das uniões estáveis homoafetivas, nem ao reconhecimento por autorização judicial sem natureza contenciosa de dupla maternidade no registro de nascimento. Desnecessidade de ação judicial em alguma Vara da Família. Recurso do Ministério Público improvido. (TJSP, AC n° 0022096-83.2012.8.26.0100, Relator: Maia da Cunha, 4ª Câmara de Direito Privado, J. 27/03/2014).

De igual forma, é possível o registro de dois pais quando haja dupla paternidade decorrente de relações homoafetivas, dada a constitucionalidade do casamento entre pessoas do mesmo sexo. Mais interessante destacar do julgado acima, é a desnecessidade de interpelação judicial para registro de filhos de casais homoafetivos.

Ao que nos ocupa nesta oportunidade, verificam-se decisões no sentido de negar o reconhecimento da multiparentalidade com objetivo desviado. Em recente julgado da Terceira Turma do STJ, de 25 de abril de 2018, fora negado provimento a um recurso, de relatoria do Ministro Bellizze, para quem restou demonstrado que a mãe da criança perseguia o reconhecimento da filiação biológica, mesmo o filho já anteriormente reconhecido através do vínculo socioafetivo por seu convivente.

Para o caso, verificou-se conveniência da mãe em reaproximar o filho do pai biológico, pautada em interesses particulares e com finalidade diversa da que o ordenamento jurídico impõe. Ressalte-se que é possível que a criança, atingida a maioridade, busque por sua origem biológica e persiga seus interesses, caso lhe seja conveniente. Neste caso, a mãe biológica, forçadamente, por questões ouras, que não a real intenção da construção da convivência entre pai biológico e filho, requereu a retificação do registro civil para atingir seus objetivos existenciais.

Em outras circunstâncias, também assistidas pela jurisprudência, foram constatados fatos nos quais o mero interesse patrimonial era perseguido quando do reconhecimento de dupla maternidade/paternidade, a desviar o fim para o qual a socioafetividade é legitimada, pois, uma vez que o reconhecimento é realizado, surtem efeitos não só registrais, mas patrimoniais e extrapatrimoniais, torna indissolúvel o vínculo, salvo melhor juízo de dolo, coação, fraude, etc.

Nesse sentido, a jurisprudência entendeu:

> APELAÇÃO. INVESTIGAÇÃO DE PATERNIDADE. FAMÍLIA. INVESTIGAÇÃO DE PATERNIDADE. COMPROVAÇÃO DA PATERNIDADE BIOLÓGICA POR EXAME DE DNA. PATERNIDADE SOCIOAFETIVA DO PAI REGISTRAL QUE NÃO FICOU EVIDENCIADA, A PONTO DE AFASTAR A VERDADE BIOLÓGICA. Comprovada a ausência de socioafetividade com o pai registral, que jamais teve contato com o filho, há de reconhecer-se a verdade biológica que, diante da inexistência da verdade do afeto, deve prevalecer. APELAÇÃO DESPROVIDA. (Apelação Cível Nº 70046566196, Sétima Câmara Cível, Tribunal de Justiça do RS, Relator: Roberto Carvalho Fraga.

> (TJ-RS - AC: 70046566196 RS, Relator: Roberto Carvalho Fraga, Data de Julgamento: 27/06/2012, Sétima Câmara Cível, Data de Publicação: Diário da Justiça do dia 04/07/2012) (grifamos)

A paternidade sempre poderá ser comprovada pela via do exame de DNA, por razões óbvias. A convivência, a formação do vínculo paterno/filial, os cuidados deferidos, o apoio moral e afetivo, a prova do elo emocional, a dependência afetiva construída pelo afeto precisa, de fato, e ostensivamente, restarem comprovados para que a paternidade socioafetiva seja reconhecida. Nesta decisão do Relator Roberto Carvalho, não houve prova suficiente para seu convencimento da existência de vínculo apto a ser juridicamente reconhecido.

Por esta razão, muitas vezes a paternidade biológica é mantida e a socioafetiva afastada, mas não por questão de prioridade, por que não existe. Mas mesmo pela ausência dos elementos de convivência de posse de estado de filho capaz de corroborar o vínculo paterno/filial.

Não se trata de sobrevalorizar o vínculo biológico ou o afetivo, mas o melhor interesse da criança. O Supremo Tribunal Federal aprecia, em caráter de repercussão geral, a questão da sobrevalorização dos "tipos" de paternidade no tema 622, ainda pendente de apreciação[56].

Muitos interesses estão em causa, todavia, é imperioso que este seja o que atenda ao melhor interesse da criança, o que se coadune com os interesses de um ser em desenvolvimento, garanti a sua dignidade. A tese fixada pelo STF, através voto do Relator atual, Ministro Luiz Fux, é a de que a paternidade socioafetiva, declarada ou não em registro público, não impede o reconhecimento do vínculo de filiação concomitante baseado na origem biológica, com os efeitos jurídicos próprios, vale dizer que, embora haja interesses dos pais da criança, o vínculo, quer o biológico, quer o afetivo, não será reconhecido quando não haja real interesse em proveito da criança como absoluta prioridade.

Constata-se, portanto, que a busca de interesses alheios ao da criança é observada também pela jurisprudência, uma vez que a lei abre margem para a interpretação da parentalidade por via da socioafetividade. A via oposta à má-fé dos pais quando da perquirição de metas diversas do que seja o ideal de garantia de interesse e dignidade dos filhos é rechaçada pela jurisprudência, atenta aos meios de prova inerentes ao essencial, a real intenção de reconhecimento de filho como fim e não meio de vida.

Conclusões

Atentos a uma paternidade responsável como o atendimento ao interesse não só da criança, mas alargado à toda a família é que conseguimos vislumbrar a multiparentalidade como conceito legitimado a surtir seus efeitos jurídicos.

A abertura constitucional para a família democrática e diversificada deu margem às possibilidades de núcleos familiares diversos e outras formas de parentesco que não unicamente o consanguíneo e o civil como aceitos.

Da possibilidade dos recasamentos, pela via do divórcio, novas famílias são reconstruídas e as relações entre padrastos e enteados, passam a ser juridicamente relevantes para o Direito.

Repercussões do reconhecimento das famílias homoafetivas, de igual forma, sustentaram a luta pela possibilidade de registro de 2 (dois) pais e /ou 2 (duas) mães no assento civil da criança gerada pelas técnicas de Procriação medicamente assistida, sem a

[56] Disponível em: http://www.stf.jus.br/portal/processo/verProcesso Andamento.asp?numero=898060&classe=RE- AgR&codigoClasse=0&origem= JUR&recurso=0&tipoJulgamento=M. Acesso em: 2.Ago.2018

intervenção judicial.

Observa-se, portanto, o forte protagonismo da jurisprudência nos temas relativos aos novos arranjos familiares e, mais especificamente ao tema exposto, no que tange à multiparentalidade.

Possibilitar a retificação de registro civil com a manutenção do pai biológico e acréscimo do afetivo, ou vice-versa, é uma atividade dos Magistrados e Tribunais sempre atentos em restringir a viabilidade da retificação do registro civil com a figura de 2 pais ou 2 mães registrais atreladas aos interesses dos envolvidos na relação socioafetiva, sobretudo das crianças e adolescentes.

A devida comprovação da posse de estado de filho, a real identificação como figura paterna/materna e filho são os fatores relevantes e decisivos para o reconhecimento legal da multiparentalidade que se destina ao exercício responsável das responsabilidades parentais, entre outras obrigações e outros efeitos, incluindo os sucessórios, por esta razão, o ato é irrevogável, para além de que as crianças e adolescentes são pessoas ainda em desenvolvimento biopsicossocial, vulneráveis cuja dignidade também deve ser respeitada.

Porém, imperiosa se faz a observância das relações que de fato traduzam em posse de estado de filho para que o parentesco pautado nos afetos possa surtir os efeitos para os quais foram reconhecidos.

Referências

BRASIL. Código Civil. Disponível em: http://www.planalto.gov.br/ccivil_03/Leis/2002/l10406.htm. Acesso em: 15.Jul.2018.

CAVALCANTI, Camilla de Araujo. Famílias pós-modernas – A tutela constitucional à luz do princípio da dignidade da pessoa humana. Curitiba: Juruá, 2016.

DIAS, Maria Berenice. Manual de Direito das famílias. 9 ed. Rev., atual., ampl. São Paulo: Editora Revista dos Tribunais, 2013.

LÔBO, Paulo. Direito Civil: famílias. 4 ed. São Paulo: Saraiva, 2012.

MELLO, Felipe Viana de. Manual de Direito das Sucessões. Rio de Janeiro: Lumen Juris, 2018. PORTUGAL. Código Civil. Decreto

Lei nº: 47.344/1966. Coimbra: Almedina, 2016.

FILIAÇÃO SOCIAFETIVA CONSISTENTE NOS "FILHOS DE CRIAÇÃO" E SEUS ASPECTOS NO ORDENAMENTO JURÍDICO BRASILEIRO

LARISSA DA NÓBREGA COSTA

Introdução

No tocante a heterogeneidade das relações sociais, principalmente no que cerne a família, o direito de família vem passando por modificações que as adéquam às que sobrevêm da sociedade. Somente após a promulgação da Constituição Federal de 1988, é que a igualdade de filiação foi aplicada. Os adjetivos que eram sucedidos ao substantivo "filhos" tornaram-se inconstitucionais, conforme instituiu seu art. 227, §6°. Diante de diversas mudanças afirma-se que atualmente as famílias são marcadas pelos laços afetivos de amor, cumplicidade, felicidade, comunhão e de carinho.

Segundo Dias (2015, p. 15) a família passa agora a não ser mais exclusiva de um relacionamento matrimonial, mas aquela que envolvesse o afeto. A existência desse elo basta para o reconhecimento de uma entidade familiar. Com o desaparecimento da família patriarcal a família passou a ser identificada pelo laço de afetividade, gerando o princípio da afetividade. No que se refere à filiação de criação, Paiva (2004, p.12) vem relatar que esse tipo de filiação se deu mediante a história da adoção "informal" é presenciada desde a colonização. Ela se iniciou com o intuito dos mais ricos fazer caridade, conforme pregava a Igreja Cristã, dando assistência aqueles que eram mais pobres. Era algo comum presenciar dentro da casa filhos de terceiros que eram chamados de "filhos de criação", onde ele não tinha uma situação formal dentro do seio da família que o "acolheu". Não se demonstrava um interesse genuíno, este filho simplesmente ocupava um lugar onde era diferenciado, sempre de forma diferente, aos filhos biológicos.

Afirma Dias (2017, p. 53) que em troca de estudos, eles faziam trabalhos domésticos, sem receber nada como "salário". Não possuíam as mesmas roupas, não estudavam no mesmo colégio e nem freqüentavam os mesmos ambientes que os filhos da família. Desde que a constituição elencou o princípio da proteção integral, qualquer tipo de filiação não poderá ser discriminado, não se admitindo qualquer tipo de adjetivo.

Mediante a lacuna deixada pelo legislador do Código Civil no artigo art. 1.593, ao dispor que o parentesco também poderia ser de outra origem, baseando – se também no principio da afetividade, da dignidade da pessoa humana e da igualdade, o estudo cerne em torno da problemática do reconhecimento da modalidade da filiação de criação, bem como, ás consequências que acarretam essa perfilhação no ordenamento jurídico brasileiro. Tendo como objetivo analisar os posicionamentos que a doutrina elenca sobre o tema, baseando – se no princípio da afetividade e da dignidade da pessoa humana, como também, explorar acerca do posicionamento das decisões judiciais no que se diz respeito a esse tipo de vínculo filial.

A metodologia adotada na pesquisa foi o método indutivo, baseando - se em análises bibliográficas de doutrinas jurídicas no que cerne ao tema, como também na averiguação documental de decisões pertinentes.

Filiação socioafetiva no ordenamento jurídico brasileiro

A sociedade vem se transformando, especialmente no que se refere à família, em particular à paternidade, deveras questionada. A conexão entre os seres humanos passa por uma constante transformação, a cada dia, leis são promulgadas com o objetivo de beneficiar essa relação.

Para se entender, o surgimento da filiação socioafetiva no Direito Brasileiro, deve – se reportar ao Código Civil de 1916, onde Barreto (2012, p. 2010), faz uma observação, discorrendo que os filhos possuíam tratamentos distintos, considerados somente os legítimos, ou seja, os que foram concebidos dentro do casamento, onde, qualquer outra forma de se ter um filho, era considerado ilegítima, sendo indisponível o direito ao nome e a herança, decorrente da legislação do CC/16 em seu artigo 377 quando dizia que "quando o adotante tiver filhos legítimos, legitimados ou reconhecidos, a relação de adoção não envolve a de sucessão hereditária". Todavia, BARRETO (2012, p. 2010) afirma que no tocante dos anos 49, passa a vigorar a lei de nº 883, tratando do reconhecimento dos filhos que não eram concebidos na constância do casamento, ou seja, os ilegítimos, através de ação que reconhecesse a filiação, onde o filho reconhecido gozaria de direitos, inclusive, dos alimentos provisórios, ocorrendo em segredo de justiça, como também o direito de sucessão que passou a ser reconhecido independentemente da natureza de sua filiação.

Em seguida, a nossa Carta Magna em 1988, em seu artigo 1°, III, inovou com o princípio da dignidade da pessoa humana, evitando expor a vida privada, como em seus artigos 5°, 226 e os demais, que trouxeram igualdade dos gêneros entre homem e mulher, como também, igualdade entre os filhos.

A criação do Código Civil, com o seu projeto de lei no ano de 1975, entrando em vigor apenas em 2002, deu - de através de que, mesmo com as legislações vigentes, o Estado se perfazia de uma necessidade maior para assegurar este novo modelo de entidade familiar, versando sobre o tema de família com a forte influência da Carta Magna, que em seu artigo 226, §5°, aboliu a expressão pátrio poder substituindo pelo poder familiar, que trata – se da divisão entre os pais em razão da sua prole.

Assim como o art. 1596 invalidou a diferenciação entre filhos, trazendo a igualdade em sua totalidade a letra do artigo 227 da CF: "Os filhos havidos ou não da relação de casamento, ou por adoção, terão os mesmos direitos e qualificações, proibidas quaisquer designações discriminatórias relativas à filiação", regrando implicitamente, portanto, os princípios da afetividade e igualdade.

Calderón (2013, p. 398) assegura que a partir do momento em que houve uma desligação do conceito de casamento, a nossa Carta Magna contrastou a tutela jurídica ao afeto, sendo o sentimento que impulsionam as pessoas a reconhecerem publicamente suas relações, que são resistentes ao tempo, se mantendo de forma duradoura e contínua.

O STJ tem se posicionado favoravelmente no que tange ao

reconhecimento de uma relação entre pais e filhos socioafetivos, porém, a ministra Nancy Andrighi, se posicionou e afirmou que existe diferenciação sobre o conceito de paternidade biológica da paternidade socioafetiva, todavia, isso não significa dizer que, o não reconhecimento de uma extinga a possibilidade de admitir a outra. A seguir, colaciona-se julgado pátrio a respeito do tema:

> [...] Merece reforma o acórdão que, ao julgar embargos de declaração, impõe multa com amparo no art. 538, par. único, CPC se o recurso não apresenta caráter modificativo e se foi interposto com expressa finalidade de pré-questionar. Inteligência da Súmula 98, STJ.- O reconhecimento de paternidade é válido se reflete a existência duradoura do vínculo socioafetivo entre pais e filhos. A ausência de vínculo biológico é fato que por si só não revela a falsidade da declaração de vontade consubstanciada no ato do reconhecimento. A relação socioafetiva é fato que não pode ser, e não é, desconhecido pelo Direito. Inexistência de nulidade do assento lançado em registro civil.- O STJ vem dando prioridade ao critério biológico para o reconhecimento da filiação naquelas circunstâncias em que há dissenso familiar, onde a relação socioafetiva desapareceu ou nunca existiu. Não se pode impor os deveres de cuidado, de carinho e de sustento a alguém que, não sendo o pai biológico, também não deseja ser pai socioafetivo. A contrario sensu, se o afeto persiste deforma que pais e filhos constroem uma relação de mútuo auxílio, respeito e amparo, é acertado desconsiderar o vínculo meramente sanguíneo, para reconhecer a existência de filiação jurídica. Recurso conhecido e provido. (STJ – Resp: 878941 DF 2006/008628-4, Relator: Ministra Nancy Andrighi, data da publicação: 17/09/2007).

Portanto, a união que rege pais e filhos, marido e mulher, estão hoje permeados pelos laços da afetividade, zelando pela entidade familiar num prisma da busca do amor e afeto. A afetividade vem sendo abordada como um princípio jurídico, decorrente da nossa Constituição, a partir do momento em que modificou – se o modelo de família, trazendo a equiparação de forma igualitária os filhos biológicos com os que não são.

Espécies de filiação

Com o advento da Carta Magna de 1988, o vínculo que era

pregado entre a instituição do casamento e a questão da legitimidade perdeu força, fazendo com que abrisse espaço para se acolher novas uniões - não tendo tanta efetividade, pois, aquela época pós ditadura e a mentalidade arraigado no Código de 16, impediam que se enxergassem novos horizontes - trazendo ao campo jurídico brasileiro o princípio da afetividade, o qual tem como base principal o afeto destinado àquele que sobreveio das relações alheias ao matrimonio civil, dessa forma, deu origem a hipótese de várias espécies diferentes de filiação.

A filiação jurídica é um tipo de filiação onde o filho exerce o direito de ser filho, juridicamente falando, que se materializará no registro público realizado pelos pais, servindo como prova da existência de uma filiação jurídica, adquirindo a presunção de veracidade através da publicidade através de registro público, que gerarão direitos e deveres de forma imediata, que não poderá dispor do direito ao arrependimento; A filiação por adoção, PEREIRA conceitua como aquela que através do negócio jurídico, promovida pela sentença judicial, incorpora alguém na família do adotante, como filho fosse, sendo independentemente a existência de uma relação consaguínea, usufruindo o adotado de todos os direitos e deveres que são inerentes à filiação. (PEREIRA, 2004, p.392) e a filiação socioafetiva LEITE discorre que baseando na CF, o Código Civil escancarou as portas de forma inédita para uma nova forma de parentesco, nem natural, nem civil, mas fundamentada no afeto. Pela primeira vez, na história do Direito de Família, se reconheceu as relações paterno-materno-filiais, capaz de gerar efeitos na ordem jurídica familiar. (LEITE, 2005, p. 93). Destaca - se, portanto, que não deriva de relação biológica, ou vinculada pela genética, mas justificada por sentimento, e afeto entre pais e filhos. É a construção de uma realidade fática e segundo discorre DIAS (2015, p. 46) é reconhecida a partir do momento em que "é reconhecido como filho de quem sempre considerou seu pai".

Fachin (2003, p. 29) traz que essa socioafetividade não é mais ou menos importante do que a biológica, mas, seria importante ressaltar que a realidade jurídica da filiação, também não é só pautada nos laços biológicos, mas, também, levando em consideração, o afeto que seria o elo entre pais e filhos, que se manifesta em subjetividade, perante a sociedade e á família.

A Constituição em seu art. 1.565, §2° e 226,§7°, permite que o casal decida livremente sobre as questões referentes ao planejamento familiar, resguardando também o direito do filho (a), independente da origem, biológico, civis ou afetivo, conforme estabelece o artigo 5° da Constituição Federal, regendo o direito da dignidade da pessoa humana.

Filiação socioafetiva e a multiparentalidade

Moreira afirma que nada impede que uma criança obtenha dois pais e/ou duas mães, pois, o modelo de família não se resume em apenas três membros. Não existe impedimento para que a comunidade familiar viva de forma plural, baseando - se no afeto. (MOREIRA, 2015. p.349-367).

O Informativo n. 840 do Supremo Tribunal Federal publicou a tese de repercussão geral e suas motivações:

> [...] A paternidade socioafetiva, declarada ou não em registro público, não impede o reconhecimento do vínculo de filiação concomitante baseado na origem biológica, com os efeitos jurídicos próprios. Com base nesse entendimento, o Plenário, por maioria, negou provimento a recurso extraordinário em que se discutia a prevalência da paternidade socioafetiva sobre a biológica. [...] O espectro legal deve acolher tanto vínculos de filiação construídos pela relação afetiva entre os envolvidos quanto aqueles originados da ascendência biológica, por imposição do princípio da paternidade responsável, enunciado expressamente no art. 226, § 7°, da CF. Dessa forma, atualmente não cabe decidir entre a filiação afetiva e a biológica quando o melhor interesse do descendente é o reconhecimento jurídico de ambos os vínculos. [...] Todos os pais devem assumir os encargos decorrentes do poder familiar, e o filho deve poder desfrutar de direitos com relação a todos não só no âmbito do direito das famílias, mas também em sede sucessória. [...] O ministro rememorou, ainda, que havia, no caso, uma paternidade socioafetiva que persistiu e persiste. E, como não pode ser considerada menos importante do que qualquer outra forma de paternidade, ela deve ser preservada. (RE 898060/SC, rel. min. Luiz Fux, julgamento em 21 e 22- 9-2016).

O Supremo, portanto, vem reconhecendo pluriparentalidade ou multiparentalidade, ou seja, a possibilidade de se obter dois pais (de maneira socioafetiva e biológica), pois, se houvesse recusa, feriria o principio da paternidade responsável previsto no art. 226, §7o, da CF, caso permitisse que o pai biológico não cumprisse mais suas obrigações pelo simples fato de ter um socioafetivo, gerando toda uma responsabilidade para os pais socioafetivos, como se biológico fossem.

Lôbo discorre sobre a responsabilidade da paternidade ou a maternidade socioafetiva com fundamentação na Constituição Federal, que possui um princípio basilar, tratando - se do Princípio da Proteção Integral da Criança e do Adolescente, onde surge uma verdade sociológica, que está fundamentada no estado de filiação, que independem do vínculo biológico. (LÔBO, 2004, p.510).

Encontramos este principio no artigo 227 da CF juntamente com o artigo 4º do ECA que é dever da família, assegurar à criança, ao adolescente e ao jovem com uma absoluta prioridade, o direito à vida, à saúde, à alimentação, à educação, ao lazer, à profissionalização, à cultura, à dignidade, ao respeito, à liberdade e a convivência familiar e comunitária, além de colocá-los a salvo de toda forma de negligência, discriminação, exploração, violência, crueldade e opressão.

O Estatuto da Criança e do Adolescente, em seu artigo 22 discorre que "Aos pais incumbe o dever de sustento, guarda e educação dos filhos menores, cabendo-lhes ainda, no interesse destes, a obrigação de cumprir e fazer cumprir as determinações judiciais". Como também seu art. 33 que "A guarda obriga a prestação de assistência material, moral e educacional à criança ou adolescente, conferindo a seu detentor o direito de opor-se a terceiros, inclusive aos pais".

Porém, vale ressaltar que essa perfilhação ainda gera discussões no âmbito jurídico, pois, ainda assim, observam - se divergências a respeito das questões patrimoniais, no entanto, a doutrina majoritária entende que é possível o filho possuir dos pais sócios afetivos e ter o direito a sucessão.

Filiação socioafetiva consistente no "filho de criação" e seus aspectos jurídicos

Para entender sobre a filiação socioafetiva consistente no filho de criação, se faz entender-se inicialmente sobre a posse do estado de filho. LOBO (2004, p.49) afirma que a posse de estado de filho se constitui a partir do momento que uma pessoa assume o papel de filho com aquele ou aqueles que assumem os papéis de pai ou mãe, possuindo ou não algum tipo de laço biológico.

Pereira destaca a necessitada de estar em alerta para se assegurar que a relação deve se tratar se há de fato uma posse de estado, ou se esta relação se vinculou apenas de uma solidariedade humana, misericórdia cristã ou sobre algum tipo de sentimento de amizade, que levaram a relação ser baseada sobre alguns cuidados de pai, mas não de fato a uma paternidade. (PEREIRA, 2010, p. 376).

Segundo Gomes (1999, p.324), em nome da segurança jurídica é preciso traçar alguns elementos que constitua a posse de estado de filho, ocorrendo nessas circunstâncias: a) sempre possuir o nome daqueles que presumem serem os genitores; b) possuir um tratamento contínuo de filho; c) ser constantemente reconhecido através dos pais presumidos como filho, como também pela sociedade.

Boeira afirma que de forma majoritária a doutrina reconhece que o fato do filho nunca ter utilizado do nome do pai e/ou mãe, não diminui a posse de estado de filho, desde que os outros dois requisitos estejam presentes. Sendo esses dois requisitos elementos suficientes no que diz á caracterização da posse. (BOEIRA, 1999, p. 60).

Welter (2003, p. 183) afirma que a doutrina se posiciona contrariamente à fixação de um prazo mínimo no que tange a caracterização da posse de estado de filho, sendo necessário analisar o caso concreto.

Dias (2017, p. 53) assegura que a jurisprudência tem se dividido quanto à aceitação da ação declaratória de filiação socioafetiva no que se diz respeito a uma pessoa que foi acolhida no seio de sua família como filho mesmo sendo de criação.

Karam (2012, p. 159) sustenta que não pode ter exclusão dos filhos de criação no que se diz respeito ao "rol" de filhos afetivos, assegurando a eles os mesmos direitos baseados nas garantias constitucionais que pertencem aos filhos consanguíneos. Porém, a legislação não faz uma equiparação aos filhos biológicos, para que se obtenham automaticamente os efeitos jurídicos, restando, portanto, à interpretação de casos concretos das doutrinas e o entendimento jurisprudencial dos magistrados.

A filiação de criação versa sobre uma adoção de modo informal, não podendo ser caracterizado como filhos adotivos, já que não consta no ordenamento jurídico, como também, não se fala de uma adoção ilegal porque não se obtém por meio de registro falso, como é o caso da adoção à brasileira, porém, esse tipo de filiação não se pode passar batido aos olhos da sociedade e nem para os operantes do direito, pois, além de infringir uma garantia constitucional, impede o exercício de todos os direitos de como filho fosse.

O reconhecimento da paternidade/maternidade dos "filhos de criação" e a sua repercussão no ordenamento jurídico, ainda são uma problemática passível de várias discussões, tanto no âmbito da justiça, em suas decisões e jurisprudências, como entre os doutrinadores, para, assim, verificar-se uma unificação de tratamento diante da realidade social, dos diferentes tipos de constituição familiar, valendo ressaltar a subjetividade ora aplicada, na análise de caso a caso.

Existem duas formas que possibilitam o reconhecimento da paternidade ou maternidade socioafetiva: a decorrente de uma decisão judicial ou pelo espontâneo e livre reconhecimento por ato praticado pelo suposto pai/mãe em sede de cartório, que se dará com a certidão de nascimento sendo como meio oficial e hábil para comprovar a filiação, conforme prevê o provimento 63 do CNJ.

A legislação civil traz em seus dispositivos, referências claras que exprimem a opção do legislador pela escolha da paternidade socioafetiva, sejam eles o art. 1.593, que abre a possibilidade de outra origem de paternidade, o art. 1.596, que determina igualdade entre os filhos sejam eles havidos ou não no casamento, ou seja, biológicos ou não.

A atual jurisprudência manifesta-se no sentido que os princípios constitucionais devem preencher as lacunas existentes no Direito de Família, decorrente da família mutante, utilizando-se do fenômeno da posse de estado de filho, valorado em detrimento das questões patrimoniais. Dessa forma, prevalece no entendimento dos Tribunais, o afeto como um fator determinante e autônomo, da paternidade.

A partir do reconhecimento desse vínculo, o filho afetivo será detentor de direitos inerentes a perfilhação como, por exemplo, direito alimentar, ao patronímico da família, bem como todos os demais direitos atinentes a uma adoção, efetivando-se o princípio da igualdade entre os filhos, constitucionalmente protegido e assegurado.

Do direito alimentar

Diniz (2012, p. 1.240), conceitua alimentos como sendo prestações que atendem as necessidades vitais, tanto futuras como as atuais, para aqueles que não podem prover por si, sendo, portanto, apenas, os que são indispensáveis para á sua subsistência. No que tange ao direito alimentar, é assegurado aos filhos, independente de sua origem, bem como dever mútuo entre pais e filhos, descendentes e ascendentes previsto no art. 1694, caput e 1695, do CC/02. Nesse sentido, entende o seguinte acórdão:

> [...] A obrigação alimentar se fundamenta no parentesco, que é comprovado pela certidão de nascimento. O agravante alega não ser o pai biológico do menor. Enquanto não comprovar, não se pode afastar seu dever de sustento. A rigor, mesmo esta prova não será suficiente, pois a paternidade socioafetiva também pode dar ensejo à obrigação alimentícia [...] (1ª Vara Cível de Ariquemes – RO. Juíza de Direito: Márcia Kanazawa. Processo: 0005352-95.2010.8.22.0002. publ. 17 de fevereiro de 2011).

Assim, torna-se indiferente a comprovação da paternidade biológica, visto não ser fator suficiente para eximir-se do dever de sustento para com o filho.

Quanto à pensão militar por morte, o STJ tem entendido que há possibilidade de se obter pelos filhos de criação, conforme o julgado colacionado:

> [...] Precedentes. Equipara-se à condição de filha a enteada criada e

mantida pelo militar, instituidor da pensão, o qual, a despeito da ausência de laços sanguíneos, dispensou-lhe o mesmo tratamento que se dá a filho biológico (artigo 7º, inciso II, da Lei nº 3.765/60 combinado com o artigo 50, parágrafo 2º, Lei nº 6.880/80). Precedentes. [...] Conforme preceitua o art. 7º, inciso II, da Lei n.º 3.765/60, a pensão militar é deferida "aos filhos de qualquer condição, exclusive os maiores do sexo masculino, que não sejam interditos ou inválidos". Por filhos de qualquer condição deve-se entender, também, aquela pessoa que foi acolhida, criada, mantida e educada pelo militar, como se filha biológica fosse, embora não tivesse com ele vínculo sangüíneo. [...] Sendo assim, tendo em vista que a legislação permite a concessão de pensão por morte às filhas em qualquer condição independentemente da relação de dependência com o instituidor presume-se inserida nesse contexto a filha de criação, desde que comprovada essa condição. (Superior Tribunal de Justiça STJ - RECURSO ESPECIAL : REsp 1370748 PE 2013/0053151-4. RELATOR: MINISTRO NAPOLEÃO NUNES MAIA FILHO. Publ. 09/10/2017).

Com as lacunas deixadas pelo legislador para a concessão de pensão por morte no que cerne a filho em espécie de criação, é necessário fazer uma presunção, portanto, nesse contexto, que ela também se perfaz desse direito igualmente ás filhas biológicas, necessitando a comprovação judicial do vínculo de parentesco afetivo.

Do direito ao patronímico

Dias (2015, p. 130) ensina que o nome é um dos direitos essenciais no que tange ao direito da personalidade. Reconhecido como o bem jurídico que vem tutelar a intimidade, permitindo a inserção em uma família, dispondo de um valor inserido ao conceito da dignidade da pessoa humana. O Desembargador José Carlos Teixeira Giorgis do Tribunal de Justiça do Rio Grande do Sul Julgou em sede de Apelação Civil que:

> [..] a paternidade sociológica é um ato de opção, fundando-se na liberdade de escolha de quem ama e tem afeto, o que não acontece, às vezes, com quem apenas é a fonte geratriz. [...] Isso ainda ocorre com o ´estado de filho afetivo`, que além do nome, que não é decisivo, ressalta o tratamento e a reputação, eis que a pessoa é

amparada, cuidada e atendida pelo indigitado pai, como se filho fosse. (Apelação Cível N° 70008795775, Sétima Câmara Cível, Tribunal de Justiça do RS, Relator: José Carlos Teixeira Giorgis, Julgado em 23/06/2004).

Portanto, aquelas que perfazem uma filiação por afetividade adquirem o patronímico, ou seja, o sobrenome daquela família que está inserida pelos laços do afeto e se estendendo por interpretação, aos filhos de criação, da mesma forma que os demais filhos, assegurando – se pelo princípio da aparência que traz uma segurança jurídica e uma seriedade a uma relação que seja aparente.

Do direito sucessório

Conforme preconiza a CF/88, a igualdade entre os filhos, vedando qualquer tipo de discriminação entre eles, com o reconhecimento da filiação socioafetiva, surgem os direitos e deveres da relação paterno-filial e, entre eles, o direito à herança, devendo ser reconhecido como herdeiro necessário como dispõe o art. 1845 do CC.

Hermano (2009, p.28) conceitua como herança sendo um direito que contém um conteúdo econômico, conforme consta no art. 91 do Código Civil. Podendo ser constituídos por bens imóveis, móveis, direitos, ações, créditos e quaisquer outras origens que contenha valor apurável, onde contenha natureza heterogênea. Em sentido estrito, o quinhão líquido à disposição dos sucessíveis. O direito de herança mesmo considerando um direito de extrema importância, muito "filhos de criação" acabam por não terem esse direito assegurado, pois se faz necessário trazer provas contundentes ao processo que esclareça ao Magistrado da sua relação socioafetiva conforme os julgados dos tribunais:

> [...] A filiação socioafetiva, fundada na posse do estado de filho e consolidada no afeto e na convivência familiar, pressupõe a existência de três elementos caracterizadores: o nome - utilização do sobrenome paterno; o tractatus - pessoa deve ser tratada e educada como filho; e a reputatio - o reconhecimento pela sociedade e pela família da condição de filho. A ausência de um desses elementos conduz à improcedência do pedido de

reconhecimento da paternidade póstuma por vínculo afetivo. (TJ-SC - AC: 257376 SC 2009.025737-6, Relator: Fernando Carioni, Data de Julgamento: 10/12/2009, Terceira Câmara de Direito Civil, Data de Publicação: Apelação Cível n., de Lages.)

Faz- se importante, comprovar também, que houve a vontade dos pais socioafetivos em adotá-lo, como também a existência do tratamento do "filho de criação" como se filho fosse em público, conforme tráz entendimento da jurisprudência:

> [...] Pressupõe, pois, uma prévia, expressa e formal manifestação de vontade de reconhecimento da filiação, de modo que a pretensão de que haja o reconhecimento forçado de filiação socioafetiva quando os supostos pais socioafetiva já eram falecidos quando do ajuizamento da ação não encontra previsão no ordenamento jurídico vigente. Isso porque, nessas condições, o pedido formulado implicaria impor uma verdadeira adoção póstuma, à revelia dos adotantes - o que não pode obter trânsito, por não contar com uma inequívoca manifestação de vontade por parte do adotante, como exige o art. 42, § 6º, da Lei n.º 8.069/1990. O mero vínculo afetivo não tem o condão de respaldar um julgamento de procedência do pedido de adoção póstuma, necessitando de manifestação de vontade expressa dos falecidos, inexistente no caso em exame. NEGARAM... PROVIMENTO. UNÂNIME. (Apelação Cível Nº 70073643942, Oitava Câmara Cível, Tribunal de Justiça do RS, Relator: Luiz Felipe Brasil Santos, Julgado em 17/08/2017).

Portanto, ao ser analisado o acervo de fatos e provas existente no processo, e for concluído que não houve a ocorrência da manifestação do propósito de adotar, bem como pela preexistência de laço afetividade entre os envolvidos, o "filho de criação" não poderá gozar de seus direitos, com o argumento da não configuração da filiação socioafetiva.

O Magistrado também vislumbra o lapso temporal em que o filho de criação postula sobre o reconhecimento de paternidade/maternidade:

> [...] A circunstância de terem sido criados laços típicos daquilo que tradicionalmente se convencionou chamar de "filho de criação" não deve justificar a imposição - totalmente à revelia da vontade

dos supostos "pais socioafetivos" - de um vínculo parental, mormente quando, à época do ajuizamento da ação, os ditos "pais socioafetivos" já eram falecidos há mais de dez anos, cabendo questionar o motivo pelo qual o processo de adoção não ocorreu enquanto eram vivos, ou, do mesmo modo, por que não foi então ajuizada esta ação declaratória. POR MAIORIA, DERAM PROVIMENTO, VENCIDO O RELATOR. (Apelação Cível N°

70061496493, Oitava Câmara Cível, Tribunal de Justiça do RS, Relator: Ricardo Moreira Lins Pastl, Julgado em 09/04/2015.)

Mesmo que a posse de estado de filho, não esteja expressamente prevista em nosso ordenamento jurídico, mas, se baseando nos princípios constitucionais ora já citados, é possível usufruir o direito de herança desde que todos os elementos sejam respeitados e comprovados, conforme decidiu o colendo Tribunal de Justiça do Distrito Federal:

> [...] O que se comprovou nos autos foi o laço sentimental socioafetivo entre a apelada e os de cujus de forma declarada e pública. Segundo se extrai dos depoimentos das testemunhas, a apelada era tratada publicamente como filha de casal, e os chamava de mãe e pai. É dizer que havia, quer na relação privada, quer socialmente, a caracterização de uma verdadeira relação paterno-filial; Recurso conhecido e não provido. Sentença mantida integralmente. (TJ-DF - APC: 20150510068078, Relator: ROMULO DE ARAUJO MENDES, Data de Julgamento: 02/09/2015, 1ª Turma Cível, Data de Publicação: Publicado no DJE : 11/09/2015 . Pág.: 103).

Ainda assim, persistem inúmeras controvérsias atreladas à socioafetividade, que necessitam serem harmonizadas com o sistema jurídico, sendo os Tribunais em seus julgados, responsáveis por analisar caso a caso, verificando-se a ocorrência ou não da socioafetividade, entregando na mão do Estado o direito de entender ou não a ocorrência dessa relação.

Considerações finais

Com base nas lacunas deixadas pelo legislador, os entendimentos jurisprudenciais, mesmo tendo a existência de doutrinas que defendam a afetividade, fazendo uma ampliação para a filiação de criação, são bastante difícil, digo, quase impossível o seu reconhecimento, pois, os filhos de criação após a morte, precisam comprovar em juízo com provas cabais o vinculo afetivo com obrigações de pai e de filho. Mesmo realizando as provas e visualizando que houve todo um vínculo afetivo, a maioria dos entendimentos são de que, as provas não são suficientes para a demonstração da perfilhação, pois é necessário comprovar também, a existência da vontade dos pais em querer adota-lo e o seu tratamento como filho em público, perante a sociedade.

Os tribunais entendem que se realmente era considerado como filho e tinha todo um vinculo público, porque não se foi criado um vinculo jurídico? Porque não adotou? O que se visualiza nas decisões é um ar de total desconfiança por parte dos magistrados quanto a esse tipo de filiação. Em nome da segurança jurídica, o que sentimos nas decisões é uma impressão de que o filho tão somente desejasse se aproveitar daquele estado de filho para se obter indevidamente de proveitos econômicos, deixando de lado toda a história vivida dentro do seio familiar, restando à seguinte reflexão: É justo, em nome da insegurança jurídica, os filhos de criação serem "penalizados" conseguindo ter o seu direito efetivado mesmo com os requisitos preenchidos?

É com base constitucional que se deve repensar o direito, adequando-se a norma ao fato ocorrido, considerando-se o novo contexto cultural existente nas modernas relações familiares. Se traz uma a necessidade de caráter urgente a mudança de entendimento por parte dos Magistrados para interpretar a norma, flexibilizando suas decisões, para que o reconhecimento dessa filiação seja possível, baseando – se nos critérios e requisitos na caracterização de filiação socioafetiva, fazendo uma extensão para os filhos de criação, para que assim, os filhos gozem dos seus direitos, tais como o direito ao patronímico, a pensão nos casos que couberem e ao direito a herança, pois, o papel de registro não deve constituir as ações afetivas entre os pais e filhos, mas sim o amor, o afeto, afinal, pai e mãe "é aquele que cria, respeita, zela, ama e que cuida".

Referências

BARRETO, Luciano Silva. Evolução histórica e legislativa da

família. 2012. 10 f., Juiz de Direito da 9ª Vara Criminal Capital, Emerj, Rio de Janeiro, 2012.

BOEIRA, José Bernardo Ramos. Investigação de paternidade: posse de estado de filho: paternidade socioafetiva. Porto Alegre: Livraria do Advogado, 1999.

BRASIL. Constituição (1988). Constituição da República Federativa do Brasil de 1988. Disponível em: <http://www.planalto.gov.br/ccivil_03/constituicao/constituicao. htm>. Acesso em: 29 de maio de 2018.

BRASIL. TRIBUNAL DE JUSTIÇA DO DISTRITO FEDERAL. Primeira Câmara Cível. Apelação Cível Nº 20150510068078. Relator: ROMULO DE ARAUJO MENDES. j. 02/09/2015.

BRASIL.TRIBUNAL DE JUSTIÇA DE RONDÔNIA. 1 VARA CÍVEL DE ARIQUEMES. Processo: 0005352-95.2010.8.22.0002. JUIZA DE DIREITO: Márcia Kanazawa. p. 17/02/2011.

BRASIL. TRIBUNAL DE JUSTIÇA DO RIO GRANDE DO SUL. Oitava Câmara Cível. Apelação Cível Nº 70061496493. Relator: Ricardo Moreira Lins Pastl. j. 09/04/2015.

BRASIL. TRIBUNAL DE JUSTIÇA DO RIO GRANDE DO SUL. Oitava Câmara Cível. Apelação Cível Nº 70073643942. Relator: Luiz Felipe Brasil Santos. j. 17/08/2017.

BRASIL. TRIBUNAL DE JUSTIÇA DO RIO GRANDE DO SUL. Sétima Câmara Cível. Apelação Cível nº. 70008795775. Relator Des. José Carlos Teixeira Giorgis. j. 23/06/2004.

BRASIL.TRIBUNAL DE JUSTIÇA DE SANTA CATARINA. 3 CÂMARA CÍVEL. Apelação Cível nº: 257376 SC 2009.025737-6. RELATOR: FERNANDO CARIONI, J. 10/12/2009.

BRASIL. SUPREMO TRIBUNAL DE JUSTIÇA. Terceira Câmara. Recurso Especial nº. 878941 DF 2006/0086284-0. Relatora: MINISTRA NANCY ANDRIGHI. j. 21/08/2007.

BRASIL. SUPREMO TRIBUNAL DE JUSTIÇA. RECURSO ESPECIAL Nº. 1370748 PE 2013/0053151-4. RELATOR: MINISTRO NAPOLEÃO NUNES MAIA FILHO. PUBL. 09/10/2017.

BRASIL. Supremo Tribunal Federal. Vínculo de Filiação e Reconhecimento de Paternidade Biológica. In: Informativo n. 840 do Supremo Tribunal Federal. 2016. Disponível em: www.stf.jus.br/arquivo/informativo/documento/informativo840. htm. Acesso em: 12/08/2018.

CALDERÓN, Ricardo Lucas. Princípio da Afetividade no Direito de Família. Rio de Janeiro: Renovar, 2013.

DIAS, Maria Berenice. Filhos do Afeto. 2 ed. rev. e atual. São Paulo: Editora Revista dos Tribunais, 2017.

DIAS, Maria Berenice. Manual de direito das famílias. 10 ed. São Paulo: Revista dos Tribunais, 2015.

FACHIN, Luiz Edson.Teoria Crítica do Direito Civil. Rio de Janeiro: Renovar, 2003.

DINIZ, Maria Helena. Código Civil Anotado. 16 ed. São Paulo: Saraiva. 2012. GOMES, Orlando. Direito de Família. 7. ed. Rio de Janeiro: Forense, 1999.

HERMANO, Paulo. Novo direito sucessório brasileiro: totalmente idealizado sob os novos paradigmas da Constituição Federal de 1988 e do Código Civil de 2002. Atualizado com a Lei 11.441/2007. Leme: JH Mizuno, 2009.

KARAM, Felipe Augusto. O estatuto da filiação sociafetiva: e a pluralidade de entidades familiares contemporâneas. Florianópolis: Bookess, 2012.

_____. Lei n° 10.406, de 10 de janeiro de 2002. Institui o Código Civil. Disponível em:< http://www.planalto.gov.br/ccivil_03/leis/2002/l10406.htm>. Acesso em: 11 de agosto de 2018.

_____. Lei n° 8.069, de 13 de julho de 1990. Dispõe sobre o Estatuto da Criança e do Adolescente e dá outras providências. Disponível em: <http://www.planalto.gov.br/ccivil_03/leis/l8069.htm>. Acesso em: 11 de agosto de 2018.

LEITE, Eduardo de Oliveira. Direito civil aplicado: v.5: direito de família. São Paulo: Revista dos Tribunais, 2005.

LÔBO, Paulo Luiz Netto. Direito ao Estado de filiação e direito à origem genética: uma distinção necessária. Revista CEJ, Brasília, v.8, n.27, p. 47-56, out./dez. 2004.

MOREIRA, Silvana do Monte. Famílias. In: ZAGAGLIA, Rosângela Alcantara. et al (Coord.). Criança e Adolescente. 1.ed. Rio de Janeiro: 2015.

PAIVA, L. D. Adoção: significado e possibilidades. São Paulo: Casa do Psicólogo, 2004.

PEREIRA, Caio Mário da Silva. Instituições de direito civil: direito de família. 14. ed. revista e atualizada por Tânia da Silva Pereira. Rio de Janeiro: Forense, 2004.

PEREIRA, Caio Mário da Silva. Instituições de Direito Civil. vol.

V. 18. ed. Rio de Janeiro: Forense, 2010.
WELTER, Belmiro Pedro. Igualdade entre as filiações biológica e socioafetiva. São Paulo: Ed. RT, 2003.

SOBRE OS AUTORES

Ana Beatriz Pessôa Barros
Graduanda em Direito da UNIFACISA. E-mail: anabeatrizpessoabarros@hotmail.com

Anne Kelly Barbosa da Silva
Graduanda em Direito da Universidade Federal da Paraíba. E-mail: annekellybarbosa@gmail.com

Ari Gledson Batista Ferreira
Graduando em Direito do Instituto de Educação Superior da Paraíba - IESP. E-mail: ari-gleidson@hotmail.com

Camilla de Araujo Cavalcanti
Doutoranda em Direito Civil e Mestre em Direito Constitucional pela Faculdade de Direito da Universidade de Coimbra- Portugal; Membro do Instituto Brasileiro de Estudos em Responsabilidade Civil - IBERC; Membro do IBDFAM; Professora; Advogada. E-mail: camillacavalcantiadv@gmail.com

Caroline de Lima Alexandre
Especialista em Direito. Advogada. Funcionária Pública. E-mail: caroline_alima@hotmail.com

Daniel Kennedy Santana Lustosa
Graduando em Direito da Universidade Federal da Paraíba. E-mail: danielken84@gmail.com

Dimitre Braga Soares de Carvalho
Docente do curso de Direito da UNIFACISA e da UFRN. E-mail: professordimitre@hotmail.com

Francisco José Garcia Figueiredo
Mestre em Direito, Professor do Departamento de Direito Privado/CCJ/UFPB, Coordenador do Núcleo de Extensão em Justiça Animal, Presidente da Comissão de Direito Animal da OAB-PB. E-mail: fj-ufpb@hotmail.com

Larissa da Nóbrega Costa
Bacharela em Direito pela Universidade Federal da Paraiba (DCJ/UFPB). Email: larinobrega@gmail.com

Letícia Matos Viana
Graduanda em Direito da Universidade Federal da Paraíba. E-mail: leticiamatosviana@hotmail.com

Lorena Almeida de Brito
Graduanda em Direito da Universidade Federal da Paraíba. E-mail: lorenaalmeida01@outlook.com

Lucas Cavalcante Gondim
Graduando em Direito da Universidade Federal da Paraíba. E-mail: lucas.lcgondim@gmail.com

Luciana de Albuquerque Cavalcanti Brito
Advogada; professora universitária (Instituto de Educação Superior da Paraíba – IESP, Faculdade de Ensino Superior da Paraíba - FESP, Centro Universitário de João Pessoa - Unipê e Fundação Escola Superior do Ministério Público - FESMIP); pós-graduada em Direito Processual Civil pelo Centro Universitário de João Pessoa e Doutora em Ciências Jurídicas e Sociais pela Universidad del Museo Social Argentino – UMSA; endereço eletrônico: lu.cavalcantibrito@gmail.com

Naara Lígia Maria Neves dos Santos
Graduanda em Direito da Universidade Federal da Paraíba. E-mail: naaralmns@gmail.com

Nathalya Ribeiro Máximo de Almeida
Graduanda em Direito da Universidade Federal da Paraíba. Email: nathalya.maximo@hotmail.com

Wendel Alves Sales Macedo
Especialista em Direito. Mestrando em Direitos Humanos no PPGDH na UFPB. Bolsista CNPQ. E-mail: wendel_direito@hotmail.com

www.ingramcontent.com/pod-product-compliance
Lightning Source LLC
Chambersburg PA
CBHW021421210526
45463CB00001B/474